财富世界行 系列丛书

U0668401

Moscow Legend

莫斯科传奇

俄罗斯财富世界之旅

Rich World Tour Of Russia

陈晓丹 / 编著

中国出版集团 现代出版社

图书在版编目(CIP)数据

莫斯科传奇 / 陈晓丹编著. —北京：现代出版社，2016.7（2021.8重印）

ISBN 978-7-5143-5225-2

Ⅰ.①莫… Ⅱ.①陈… Ⅲ.①经济史－苏联

Ⅳ.①F151.295

中国版本图书馆CIP数据核字(2016)第160749号

编　　著	陈晓丹
责任编辑	王敬一
出版发行	现代出版社
通讯地址	北京市安定门外安华里504号
邮政编码	100011
电　　话	010-64267325 64245264（传真）
网　　址	www.1980xd.com
电子邮箱	xiandai@cnpitc.com.cn
印　　刷	北京兴星伟业印刷有限公司
开　　本	700mm × 1000mm 1/16
印　　张	9.5
版　　次	2016年12月第1版　2021年8月第3次印刷
书　　号	ISBN 978-7-5143-5225-2
定　　价	29.80元

前言
QIANYAN

多年以来，我们就一直想策划关于G20的图书，经过艰苦努力，如今这个想法终于变成了现实。毋庸置疑，G20已经成为世界上最具影响力的经济论坛之一，而成员国则被视为世界经济界"脑力激荡"、"激发新思维"与财富的代名词。

我常常会在心里问自己：到底什么是财富？什么是经济？有的人可能会说，钱啊！这种说法从某种意义上来说有一定的道理。在这里我要说，只要是具有价值的东西都可以称之为财富，包括自然财富、物质财富、精神财富，等等。从经济学上来看，财富是指物品按价值计算的富裕程度，或对这些物品的控制和处理的状况。财富的概念为所有具有货币价值、交换价值或经济效用的财产或资源，包括货币、不动产、所有权。在许多国家，财富还包括对基础服务的享受，如医疗卫生以及对农作物和家畜的拥有权。财富相当于衡量一个人或团体的物质资产。

需要说明的是，世上没有绝对的公平，只有相对的强弱。有的人一出生就有豪车豪宅，而且是庞大家业的继承人；有的人一出生就只能是穷乡僻壤受寒冷受饥饿的孩子。自己的人生只有改变"权力、地位、财富"中的一项，才可以获得优势的生存机会。那么，财富又被赋予了新的内涵:要创造财富,增加财富,维持财富,保护财富,享受财富;要提高自己的生活质量。

二十国集团是一个国际经济合作论坛,它的宗旨是为推动发达国家和新兴市场国家之间就实质性问题进行讨论和研究,以寻求合作并促进国际金融稳定和经济持续发展。二十国集团由美国、英国、日本、法国、德国、加拿大、意大利、俄罗斯、澳大利亚、中国、巴西、阿根廷、墨西哥、韩国、印度尼西亚、印度、沙特阿拉伯、南非、土耳其共19个国家以及欧盟组成。这些国家的国民生产总值约占全世界的85%,人口则将近世界总人口的2/3。本选题立足二十国集团,希望读者通过阅读能够全面了解这20个经济体,同时,能够对财富有一个全面而清醒的认识。

即使在基本写作思路确定后,对本书的编写还是有些许的担忧,但是工作必须做下去,既然已经开始,我们绝不会半途而废。在编写过程中,书稿大致从以下几个方面入手:

1. 立足G20成员国的经济、财富,阐述该国的经济概况、经济地理、经济历史、财富现状、财富人物以及财富未来的发展战略等。

2. 本书稿为面对青少年的普及型读物,所以在编写过程中尽量注重知识性、趣味性,力求做到浅显易懂。

3. 本书插入了一些必要的图片,对本书的内容进行了恰到好处的补充,以更好地促进读者的阅读。

尽管我们付出了诸多的辛苦,然而由于时间紧迫和能力所限,书稿错讹之处在所难免,敬请各方面的专家学者和广大读者批评指正,我们将不胜感激!

编 者

2012年11月

目录

CONTENTS

开　篇　二十国集团是怎么回事

二十国集团，由八国集团(美国、日本、德国、法国、英国、意大利、加拿大、俄罗斯)和 11 个重要新兴工业国家(中国、阿根廷、澳大利亚、巴西、印度、印度尼西亚、墨西哥、沙特阿拉伯、南非、韩国和土耳其)以及欧盟组成。

二十国集团简介

二十国集团,由八国集团(美国、日本、德国、法国、英国、意大利、加拿大、俄罗斯)和11个重要新兴工业国家(中国、阿根廷、澳大利亚、巴西、印度、印度尼西亚、墨西哥、沙特阿拉伯、南非、韩国和土耳其)以及欧盟组成。按照惯例,国际货币基金组织与世界银行列席该组织的会议。二十国集团的 GDP 总量约占世界的 85%,人口约为 40 亿。中国经济网专门开设了"G20 财经要闻精粹"专栏,每日报道 G20 各国财经要闻。

> **【走近二十国集团】**
>
> 二十国集团,又称G20,它是一个国际经济合作论坛,于1999年12月16日在德国柏林成立,属于布雷顿森林体系框架内非正式对话的一种机制,由原八国集团以及其余12个重要经济体组成。

THE LONDON SUMMIT 2009
STABILITY | GROWTH | JOBS

二十国集团的历史

二十国集团的建立，最初是由美国等 8 个工业化国家的财政部长于 1999 年 6 月在德国科隆提出的，目的是防止类似亚洲金融风暴的重演，让有关国家就国际经济、货币政策举行非正式对话，以利于国际金融和货币体系的稳定。二十国集团会议当时只是由各国财长或各国中央银行行长参加，自 2008 年由美国引发的全球金融危机使得金融体系成为全球的焦点，开始举行二十国集团首脑会议，扩大各个国家的发言权，它取代了之前的二十国集团财长会议。

二十国集团的成员

二十国集团的成员包括：八国集团成员国美国、日本、德国、法国、英国、意大利、加拿大、俄罗斯，作为一个实体的欧盟和澳大利亚、中国以及具有广泛代表性的发展中国家南非、阿根廷、巴西、印度、印度尼西亚、墨西哥、沙特阿拉伯、韩国和土耳其。这些国家的国民生产总值约占全世界的 85%，人口则将近世界总人口的 2/3。二十国集团成员涵盖面广，代表性强，该集团的 GDP 占全球经济的 90%，贸易额占全球的 80%，因此，它已取代 G8 成为全球经济合作的主要论坛。

【走近二十国集团】
二十国集团是布雷顿森林体系框架内非正式对话的一种机制，旨在推动国际金融体制改革，为有关实质问题的讨论和协商奠定广泛基础，以寻求合作并促进世界经济的稳定和持续增长。

二十国集团的主要活动

二十国集团自成立至今,其主要活动为"财政部长及中央银行行长会议",每年举行一次。二十国集团没有常设的秘书处和工作人员。因此,由当年主席国设立临时秘书处来协调集团工作和组织会议。

会议主要讨论正式建立二十国集团会议机制以及如何避免经济危机的爆发等问题。与会代表不仅将就各国如何制止经济危机进行讨论,也将就国际社会如何在防止经济危机方面发挥作用等问题交换意见。

1999 年 12 月 15 日至 16 日,第一次会议暨成立大会,德国柏林;

2000 年 10 月 24 日至 25 日,第二次会议,加拿大蒙特利尔;

2001 年 11 月 16 日至 18 日,第三次会议,加拿大渥太华;

2002 年 11 月 22 日至 23 日,第四次会议,印度新德里;

2003 年 10 月 26 日至 27 日，第五次会议，墨西哥莫雷利亚市；

2004 年 11 月 20 日至 21 日，第六次会议，德国柏林；

2005 年 10 月 15 日至 16 日，第七次会议，中国北京；

2006 年 11 月 18 日至 19 日，第八次会议，澳大利亚墨尔本；

2007 年 11 月 17 日至 18 日，第九次会议，南非开普敦；

2008 年 11 月 8 日至 9 日，第十次会议，美国华盛顿；

2009 年 4 月 1 日至 2 日，第十一次会议，英国伦敦；

2009 年 9 月 24 日至 25 日，第十二次会议，美国匹兹堡；

2010 年 6 月 27 日至 28 日，第十三次会议，加拿大多伦多；

2010 年 11 月 11 日至 12 日，第十四次会议，韩国首尔；

2011 年 2 月 18 日至 19 日，第十五次会议，法国巴黎；

2011 年 11 月 3 日至 4 日，第十六次会议，法国戛纳；

2012 年 6 月 17 日至 19 日，第十七次会议，墨西哥洛斯卡沃斯。

二十国集团的相关报道

1.加拿大：防止债务危机恶化

作为峰会主席国，加拿大主张：各成员国应就未来 5 年将各自预算赤字至少减少 50% 达成一项协议，以防止主权债务危机进一步恶化；会议应发出明确信号，收紧刺激性支出，即当各国刺激计划到期后，将致力于重整财政，防止通货膨胀。

加拿大还认为，应建立有效的金融调节国际机制，进一步提高银行资本充足率，以防止出现新的金融机构倒闭。不应由纳税人承担拯救金融机构的责任；加强世界银行、国际货币基金组织和多边开发银行的作用，支持国际货币基金组织配额改革，反对开征银行税，认为设立紧急资金是更好的选择。

此外，加拿大还表示，各成员国应承诺反对贸易保护主义，促进国际贸易和投资进一步自由化，确保经济复苏；增加对非洲的发展援助。

2.美国：巩固经济复苏势头

美国是世界头号经济强国，也是本轮金融危机的发源地。根据美国官方透露的信息,美国政府对此次峰会的主要立场包括:巩固经济复苏势头;整顿财政政策;加强金融监管,确立全球通用的金融监管框架。美国希望与各国探讨国际金融机构的治理改革等问题。

美国财政部官员说,中国日前宣布进一步增强人民币汇率弹性,其时机对二十国集团峰会"极有建设性"。欧洲宣布将公布对银行业进行压力测试的结果,这将有助于恢复市场信心。

【走近二十国集团】

二十国集团的宗旨是为推动巴工业化的发达国家和新兴市场国家之间就实质性问题进行开放及有建设性的讨论和研究,以寻求合作并促进国际金融稳定和经济的持续增长。

美方对这两项宣布感到鼓舞。

3.巴西:鼓励经济增长政策

根据从巴西外交部得到的消息,巴西将在二十国集团峰会上提出要求各国继续鼓励经济增长政策、加快金融市场调节机制建设的主张。

巴西认为,当年4月结束的世界银行改革"令人满意",但在今后几年中还应在各国投票权上实现进一步平等。此外,峰会应从政治层面强调国际货币基金组织改革。

巴西政府主张二十国集团应发挥更大作用,因为当今世界,二十国集团已显示出了高效讨论各种重要议题的论坛作用。同时,二十国集团也需从主要讨论金融危机拓展到其他问题,如发展、能源和石油政策等。

4.俄罗斯:主张二十国集团机制化

俄罗斯曾经在峰会上就二十国集团机制化、推动国际审计体系改革、建立国际环保基金等具体问题提出一系列倡议。

梅德韦杰夫曾经在会见巴西总统卢拉后说,现在需要努力将二十国集团打造成一个常设机构,以便对国际经济关系产生实际影响。

梅德韦杰夫还在接见美国知名风险投资公司负责人时表示,原有的国际审计体系已经被破坏,俄罗斯目前正在制定改革这一体系的相关建议。他说,二十国集团峰会应对关于审计改革的议题进行讨论。

在防范金融风险方面,俄罗斯可能提出两套方案:一是开征银行税并建立专门的援助基金;另一方案是在发生危机时,国家向银行提供资金支持,但危机过去后,银行不仅要返回资金,还要支付罚款。

5.日本:期望发挥积极作用

日本外务省经济局局长铃木庸一则在记者会上表示,在发生国际金融和经济危机、新兴国家崛起等国际秩序发生变化的形势下,二十国集团是发达国家和新兴国家商讨合作解决全球问题的场所,日本可以继续为解决全球问题发挥积极作用。

【走近二十国集团】

铃木庸一说,从支撑世界经济回升、遏制贸易保护主义的观点出发,二十国集团首脑应表明努力实现多哈谈判早日达成协议的决心。

日本期望峰会能深入讨论如何应对全球性问题并达成一些协议,发达国家和新兴国家能够更多地开展合作,共同致力于解决经济、金融等方面的全球性课题。

6.南非:希望从国际贸易中受益

对于二十国集团峰会,南非政府希望在峰会上重申,南非将与其他国家加强贸易进出口联系,以使其在国际贸易交往中受益。对此,南非方面呼吁重建世界贸易经济交往秩序和规则,予以发展中国家新兴经济体以更多的优惠与权利,与其他发展中国家携手重建世界贸易新秩序。

南非经济学家马丁·戴维斯认为,二十国集团峰会本是西方世界的产物,如今以中国、南非、巴西、印度等新兴经济体为代表的发展中国家需要联合起来，打破国际经济旧秩序，建立更加平衡、公平、长效、利于世界经济全面复兴的新国际经贸秩序。

7. 欧盟：实施退出策略需加强协调

对于欧盟来说，在实施退出策略上加强国际协调和继续推进国际金融监管改革，将是其在峰会上的两大核心主张。

> **【走近二十国集团】**
>
> 在推进国际金融监管改革方面，欧盟将力主就征收银行税达成协议。除此之外，欧盟还提出要在峰会上探讨征收全球金融交易税的可能性。

欧盟曾经掀起了一股财政紧缩浪潮，但在如何巩固财政和维护经济复苏之间求得平衡的问题上与美国产生分歧。在退出问题上美欧如何协调将是多伦多峰会的一大看点。

8. 印度：征银行税不适合印度

印度政府官员表示，在峰会上，新兴经济国家与发达国家在如何促进世界经济复苏的问题上将产生不同意见。

各国应对金融危机的情况不同，经济增长形势不同，西方国家必

须认识到这一点。

印度官员指出，欧盟目前被一些成员国的财政赤字和债务危机所困，法德两国都希望收缩开支。但德国如果采取财政紧缩政策，它可能会陷入双重经济衰退，而且整个欧盟的经济也将随之收缩，这不利于世界经济复苏。

印度官员同时表示，美国政府最近提出要征收银行税和加强对银行的政策限制，西方很可能要求印度等国也采取类似措施，但这并不适合印度，因为印度的金融体系相当健康。

9.中国：谨慎决策防范风险

中国外交部副部长崔天凯曾经在媒体吹风会上说，多伦多峰会是二十国集团峰会机制化后的首次峰会，具有承前启后的重要意义。中方希望有关各方维护二十国集团信誉与效力，巩固该集团国际经济合作主要论坛的地位。

中方在此次峰会上强调，为推动全球经济稳定复苏，各国应保持宏观经济政策的连续性和稳定性；根据各自国情谨慎确定退出战略的时机和方式；在致力于经济增长的同时防范和应对通胀和财政风险；反对贸易和投资保护主义，促进国际贸易和投资健康发展。

中方还指出，为实现全球经济强劲、可持续增长，发达国家应采取有效措施解决自身存在的问题，以减少国际金融市场波动；发展中国家应通过改革和结构调整，以促进经济增长。

集团宗旨

二十国集团属于非正式论坛，旨在促进工业化国家和新兴市场国家

【走近二十国集团】

二十国集团还为处于不同发展阶段的主要国家提供了一个共商当前国际经济问题的平台。同时，二十国集团还致力于建立全球公认的标准，例如在透明的财政政策、反洗钱和反恐怖融资等领域率先建立统一标准。

就国际经济、货币政策和金融体系的重要问题开展富有建设性和开放性的对话,并通过对话,为有关实质问题的讨论和协商奠定广泛基础,以寻求合作并推动国际金融体制的改革,加强国际金融体系架构,促进经济的稳定和持续增长。

2011巴黎G20财长会议

全球瞩目的二十国集团财政部长和央行行长会议于当地时间 2011 年 10 月 15 日在法国巴黎闭幕,此次会议是在全球经济尤其是欧债危机深度演化的背景下召开的,吸引了各方关注。

会上,各成员国财政领袖支持欧洲方面所列出的对抗债务危机的新计划,并呼吁欧洲领导人在 23 日举行的欧盟峰会上对危机采取坚决行动。

此外,与会各方还通过了一项旨在减少系统性金融机构风险的大银行风险控制全面框架。

在本次财长会上,全球主要经济体对欧洲施压,要求该地区领导人在当月 23 日的欧盟峰会上"拿出一项全面计划,果断应对当前的挑战"。

呼吁欧元区"尽可能扩大欧洲金融稳定基金(EFSF)的影响,以便解决危机蔓延的问题"。

有海外媒体报道称,欧洲官员正在考虑的危机应对方案包括:将希腊债券减值多达 50%,对银行业提供支持并继续让欧洲央行购买债券等。

决策者还保留了国际货币基金组织(IMF)提供更多援助,配合欧洲行动的可能性,但是对于是否需要向 IMF 提供更多资金则意见不一。

当天的会议还通过了一项旨在减少系统性金融机构风险的新规，包括加强监管、建立跨境合作机制、明确破产救助规程以及大银行需额外增加资本金等。

根据这项新规，具有系统性影响的银行将被要求额外增加1%至2.5%的资本金。

二十国集团成员同意采取协调一致措施，以应对短期经济复苏脆弱问题，并巩固经济强劲、可持续、平衡增长基础。所有成员都应进一步推进结构改革，提高潜在增长率并扩大就业。

金融峰会

二十国集团金融峰会于2008年11月15日召开，作为参与国家最多、在全球经济金融中作用最大的高峰对话之一，G20峰会对应对全球金融危机、重建国际金融新秩序作用重大，也因此成为世界的焦点。

金融峰会将达成怎么样的结果？对今后一段时间的全球经济有何推动？对各大经济体遭受的金融风险有怎样的监管和控制？种种问题，都有待回答。

第一，拯救美国经济，防止美国滥发美元

目前美国实体经济已经开始衰退，为了刺激总需求，美联储已经将基准利率降到了1%，并且不断注资拯救陷入困境的金融机构和大型企业，这些政策都将增加美元发行，从而使美元不断贬值。

美元是世界货币，世界上许多国家都持有巨额的美元资产，美国

【走近二十国集团】

如何拯救美国经济，防止美国滥发美元；要不要改革IMF，确定国际最后贷款人；必须统一监管标准，规范国际金融机构活动。这里对峰会做出的三大猜想，一定也有助于读者更好地观察二十国集团金融峰会的进一步发展。

滥发货币的行为将会给持有美元资产的国家造成严重损失。因此，金融峰会最迫在眉睫的任务应是防止美国滥发货币，而为了达到这个目的，各国要齐心协力拯救美国经济，这集中体现在购买美国国债上。

截至 2008 年 9 月 30 日，美国联邦政府财政赤字已达到 4548 亿美元，达到了历史最高点，因此，美国财政若要发力，需要世界各国购买美国国债，为美国政府支出融资。因此，G20 的其他成员要步调一致，严禁大量抛售美国国债，只有这样，才能稳住美国经济，自己手中的美元资产才能保值增值。

第二，改革 IMF，确定国际最后贷款人

查尔斯·金德尔伯格在其脍炙人口的《疯狂、惊恐和崩溃：金融危机史》里指出，最后贷款人对解决和预防金融危机扩散至关重要。如果危机发生在一国之内，该国的中央银行可以充当这一角色，但是如果其演变为区域性或全球性金融危机，就需要国际最后贷款人来承担这一角色了。

1944 年成立的国际货币基金组织（IMF）就是为了稳定国际金融秩序而建立的一个国际最后贷款人。但是，IMF 本身实力有限，只能帮助应对规模较小的金融危机，而且一直受美国利益的支配，在援助受灾国的时候，往往附加苛刻的政治条件，限制了受灾国自主调控经济的自主性，往往在解决金融危机的同时导致严重的经济衰退。

【走近二十国集团】

在国际范围内，既不存在世界政府，也没有任何世界性的银行可以发挥这种功能，但是如果 G20 能够达成一种世界性的协议，共同应对更大规模的危机（例如由美国次贷风暴所引发的金融危机），将成为一种次优选择。

在这次峰会中，G20 其他成员，尤其是新兴经济体将更多地参与到 IMF 改革中来，包括要求更多的份额、在决策中拥有更多的发言权等。但是 IMF 的问题还不止于此。IMF 成立之初主要为了应对贸易赤字所带来的国际收支失衡，但是今天的问题是资本流动成了影响一国国际收支的主要因素，在巨量的资本流动面前，IMF 发挥的"救火"功能十分有限。在这种情况下，应确定规模更大的、协调功能更好的、能应对巨额资本流动冲击的国际最后贷款人。

第三，统一监管标准，规范国际金融机构活动

这次危机的根源之一是美国金融监管过度放松。作为金融全球化的主要推动者，美国对其金融机构和金融市场创新的监管越来越宽松，在这种宽松的环境下，其投资银行、商业银行和对冲基金等金融机构高杠杆运营，在全球其他国家攻城略地，屡屡得手。例如，1992 年的英镑和里拉危机，1997 年的亚洲金融危机，在很大程度上都是对冲基金兴风作浪的结果。由于这些机构在全球运行，可以通过内部交易或者跨国资本交易来逃避世界各国的金融监管，因此，统一监管标准，规范国际金融活动，就成了除美国之外，G20 其他成员的共同心声。美国也想加强金融监管，但是它更清楚要掌握监管

规则制定的主动权。如果放弃主动权,美国在国际金融体系中的霸权地位将会被极大撼动,这是美国金融资本所不愿看到的,而这也恰恰是 G20 其他成员的金融资本所诉求的。欧盟成员国在这个问题上早早表明了立场,预计在金融峰会上,美国或者置之不理,或者与 G20 中的欧盟成员国展开一番唇枪舌剑。经济和政治犹如一对孪生兄弟,如影随形。这次金融峰会不光要应对全球经济危机,更关系到美国相对衰落之后的全球利益调整。这个讨价还价的过程不是一次金融峰会就可以解决的,未来更多的峰会将接踵而来。目前,中国是世界上仅次于美国的第二大经济体,拥有全球最多的外汇储备,其他各国都盯住了中国的"钱袋子",更加关注中国的动向。中国应抓住这次世界经济和政治格局调整的机会,主动发挥大国的作用,参与国际规则的制定,为中国的崛起、为全球金融和经济的长治久安做出自己的贡献。

【走近二十国集团】

二十国集团成员涵盖面广、代表性强,该集团的GDP占全球经济的90%,贸易额占全球的80%,因此已取代G8成为全球经济合作的主要论坛。

第一章　金融寡头的崛起

　　作为一个大国，俄罗斯在世界经济及其地域格局中占有非常重要的地位；作为世界上第一个社会主义国家——苏联的主体部分，俄罗斯的工业化道路和社会主义计划经济体制对包括我国在内的世界上许多国家产生过深刻影响。很大程度上作为获得寡头支持的代价，俄罗斯政府的政策越来越明显地开始倾向于寡头们的利益。首先是加大了扶持金融工业集团的力度。

　　财商高的人经商，很重要的秘方是不存款。他们有钱不存入银行生息。在18世纪中期以前，犹太人热衷于放贷业务，就是把自己的钱放贷出去，从中赚取高利。到了19世纪后，直至现在，犹太人宁愿把自己的钱用于高回报率的投资或买卖，也不肯把钱存入银行。

　　这种"做作存款"的秘诀，是一门资金管理科学。俗语讲："有钱不置半年闲。"这是一句很有哲理的生意经。它说明，做生意要合理地使用资金，千方百计地加快资金周转速度，减少利息的支出，使商品单位利润和总额利润都得到增加。

第一节　瓜分战利品,寡头进一步壮大

很大程度上作为获得寡头支持的代价,俄罗斯政府的政策越来越明显地开始倾向于寡头们的利益。首先是加大了扶持金融工业集团的力度。

1996年4月1日,叶利钦发布"关于鼓励金融工业集团建立和活动的措施"的第443号总统令,进一步提出一些刺激金融工业集团发展的办法,其中包括从1997年开始在国家预算草案中列出用于国家支持金融工业集团的资金;对参与国家项目的金融工业集团给予预算支持;最重要的是明确要求俄罗斯政府采取措施,促进资产向金融工业集团的中央公司集聚。为此规定,在必要时必须保证金融工业集团中央公司对集团中国有股份的委托管理,参与金融工业集团的国有企业有权将国有企业的不动产划入金融工业集团中央公司的固定资产,租赁或抵押给金融工业集团的中央公司。

1993年出台的总统令和临时法规对金融工业集团的建立和运行还有许多限制。1995年1月16日，俄罗斯政府发布《关于促进建立金融工业集团的纲要》，1995年11月30日，叶利钦总统签署《俄罗斯联邦金融工业集团法》，进一

【走近俄罗斯】

作为一个大国，俄罗斯在世界经济及其地域格局中占有非常重要的地位；作为世界上第一个社会主义国家——苏联的主体部分，俄罗斯的工业化道路和社会主义计划经济体制对包括我国在内的世界上许多国家产生过深刻影响。

步放宽和简化金融工业集团建立的程序和条件，取消了1993年法规中包含的限制，金融工业集团发展的政策环境进一步改善。

1．取消对加入金融工业集团企业国有股比例限制

1993年俄罗斯禁止国有股超过25％的股份公司组建或加入金融工业集团。如果根据这个规定划分，一些大型股份制企业集团都不属金融工业集团范畴。例如，天然气工业总公司、俄罗斯统一电力系统、俄罗斯电信投资公司、鲁克石油集团公司、尤科斯石油集团公司、俄罗斯石油公司、石油产品运输集团公司、石油管道运输公司、诺里尔斯克镍业公司等。这些股份集团多是根据叶利钦总统1992年11月16日第1392号总统令在原有的政府部的基础上建立的，其中国有股全部超过25％。

2．取消对金融工业集团组织形式的限制

1993年只允许股份公司加入金融工业集团，同时规定，金融股份公

司不得加入；加入金融工业集团的其他信贷和投资机构不得掌握超过所加入集团的10%的股份；职工超过2500人的企业、在地方和共和国市场占主导地位的企业不得加入金融工业集团；金融工业集团成员企业不得超过20个，职工总数不能超过10万人。1995年金融工业集团法和政府纲要法规取消了上述限制，

【走近俄罗斯】

作为一个正处在经济、社会转变过程中的大国，俄罗斯的现状引起国际社会的广泛关注；作为一个土地面积辽阔，自然、社会经济条件地区差异明显的国家，俄罗斯的经济分布又具有十分典型的意义和重要的研究价值。

集团成员企业之间可以交叉持股，数量不限，允许金融工业集团组织形式多样化。进入金融工业集团的可以是任何股份公司及其子公司、除社会团体和宗教组织外的所有商业和非商业组织、外国商业和非商业组织等。多个金融工业集团中央公司也可以联合签署协议组建新的财团或银团。金融集团法将金融集团的概念规定为：金融工业集团是以一个总公司和若干个子公司在组建金融工业集团合同的基础上全部或部分联合自己的物质的和非物质的资产的法人总和。

3．允许不同所有制和不同法律属性的企业组建金融工业集团

1993年法规只允许开放式股份公司组建金融工业集团，1995年金融工业集团法允许不同法律属性的组织组建和加入金融工业集团。例如，金融工业集团法规定，金融工业集团总公司是投资单位，但允许金融工业集团以经营公司、协会和联合会形式组建。

4．出台诸多优惠政策

首先，税收优惠。采取的举措包括：过渡到对金融工业集团的最终总产值征税；对金融工业集团的有价证券业务的税收提供优惠；在法律规定的范围内，对跨国金融工业集团成员国范围内合作供货提供关税优惠和特惠。其次，扩大国家担保范围。国家为金融工业集团发行的有价证券提供担保。再次，资金和投资优惠。金融工业集团有权加快固定基金折旧的速度。国家向金融工业集团成员提供独立确定设备折旧和积蓄折旧扣款、将获得的资金用于金融工业集团活动的权利；国家还为金融工业集团所实施的项目提供投资贷款和其他财政援助，对进口项目所必需的设备提供国家财政支持；为提高金融工业集团中从事投资活动的银行的投资积极性，俄罗斯中央银行向其提供减少义务储备定额、改变其他定额的优惠。最后，金融工业集团法允许地方政权在其权限范围内组建地区性和跨地区金融工业集团并提供必要的其他优惠政策和支持。例如，莫斯科市规定除国家提供的优惠外，莫斯科市对那些有利于解决莫斯科城市发展急需任务的金融工业集团，给予工业用地和住宅用地优先考虑和优惠照顾等。

【俄罗斯经济】

俄罗斯自苏联解体以来，在走上市场经济过程中遇到了政治的、经济的、社会的各方面困难。经济全面滑坡，连续几年工农业生产递减，人民生活水平亦大幅度下降，国内生产总值1995年为3447亿美元。但这并不能说明俄罗斯已不再是一个经济大国，也不能由此否认其巨大的经济发展潜力。

5. 俄罗斯政府制定的金融工业集团发展纲要中还规定了金融工业集团组建和发展速度

首先1995年建立10～15个,1996年建成50～70个大型金融工业集团。在短期内建立100～150个规模上可以同国际上主要集团公司相比的金融工业集团。

其次是加大对大型代理银行的扶植。新的法令规定,有资格成为代理银行需要自有资金超过1万亿卢布。1996年,这样的银行有13个,包括奥涅克辛姆银行、俄罗斯储蓄银行、外贸银行、英科姆银行、国家储备银行、国际金融公司、汽车银行、帝国银行、莫斯科国际银行、俄罗斯信贷银行、首都储蓄银行、梅纳捷普银行、莫斯科贸易银行等。代理银行负责经营联邦预算资金的财政和贷款业务,国际金融组织资金的金融和贷款业务以及总统和总理委托的其他业务。大致包括以下9项内容:(1)国内的国家外汇债券业务;(2)运出作为抵押物的贵金属;(3)调节外债,其中包括前苏联欠外国的商业贷款、清偿债务人所欠债款;(4)配置和管理包括欧洲债券在内的国际债券;(5)配置临时闲置资金;(6)为国际金融组织的贷款提供服务。例如,吸收国际金融经济组织、外国政府、国际公司、外国投资基金、银团和公司等的金融资源。为国际金融组织、外国国家出口组织和其他金融组织出资的项目提供服

务;(7)集中掌管国家间合同范围内的对外经济活动;(8)履行黄金交易的金融业务结算;(9)政府委托的个别业务和结算。

从代理银行的职能可以看出，它们在这些业务运作中会赚取巨额利润，达到较快资本扩张的目的。例如，截至1997年1月1日，前第一副总理波塔宁领导的私人银行——奥涅克辛姆银行中的国家预算资金总额甚至超过国有的俄罗斯储蓄银行的一倍。其经营国债1年，就可获利10亿美元。1996年一年时间，该银行经营的国际海关委员会的资金就达46万亿卢布。1993年才成立的奥涅克辛姆银行在短短的两三年时间利用国家资金扩张了自有资金，一跃而成为俄罗斯第三大银行。由于有政权的精心扶植和政策大幅度倾斜，金融工业集团发展较快。1995年至1996年一年时间内，金融工业集团的生产规模从26万亿卢布增长至100多万亿卢布，在国民经济总产值中的比重从2.5%增至10%。俄罗斯大银行可以动员3000亿美元资产。

再次是给予特殊政策，加快金融资本向工业资本的渗透。1997年12月17日，俄罗斯对阻碍金融财团向工业领域跨行业渗透的金融工业集团法条款进行了修正。1995年金融工业集团法第三条第二款规定，不允许参加一个以上的金融工业集团。这使金融资本的流动和集聚，金融资本与工业资本实现横向最大限度结合受到制约。实践中，金融财团实际已经打破这个约束，参加和联合跨行业、跨国家的金融工业集团。一个银行参加几个甚至十几个金融工业集团，形成了不少以金融财团为轴心的跨行业金融工业集团。例

【俄罗斯经济】

俄罗斯所拥有的广大的疆土及其所蕴藏的极为丰富的动力、金属、森林、水和土地资源为其经济发展提供了充分的自然物质基础。

如，"国际俄罗斯"金融工业集团的主导银行是波塔宁领导的奥涅克辛姆银行，这个集团联合了石油化工、有色和黑色金属、交通运输、进出口行业。1997年通过的"关于对金融工业集团法的修改和补充"规定，

【俄罗斯经济】

俄罗斯自19世纪后半叶以来长达百余年的工业化历史为其构筑了雄厚的经济基础，使其在科学技术、基础设施、工农业装备等方面步入了发达国家的行列。

允许银行和其他信贷组织参加一个以上的金融工业集团。

最后是予以直接的利益补贴。例如古辛斯基的"桥银行"则将以12亿美元的价格购买国家联合通讯体系"通讯投资—俄罗斯电视网"25%的股份，斯莫棱斯基的"首都储蓄银行"以1300亿卢布获得了"国家农工银行"51%的股份等。

刻意的扶植使得寡头们聚敛了更多的资源与财富，俄罗斯学者估计，到1998年，仅13家最大金融工业集团的产值就占国民生产总值的21.94%，这些集团的银行存款额和集团下属企业的实现生产值超过了2080亿美元。

第二节　寡头的内耗与洗牌

俄罗斯寡头们在帮助叶利钦赢得大选之后，在一段时间内，各自忙于收获胜利果实，彼此之间也进入了一个短暂的蜜月期。这时寡头们的势力发展进入了全盛时期，不仅国家经济政策的制定需要他们的首肯，而且几个代表人物更是直接出任高官，开始直接影响国家的走势。例如，寡头们一度的合作伙伴与代言人丘拜斯出任政府第一副总理兼任财务部长，职掌全俄的经济命脉；寡头波塔宁直接出任副总理，别列佐夫斯基则出任国家安全委员会副秘书，都可谓权倾一时，手眼通天。但这种相安无事的局面并没有维持多长时间，寡头们对利润无止境追求的属性很快就引爆

了他们之间激烈的利益冲突，俄罗斯民间把这次冲突称为"银行家的战争"，冲突破坏了团结，大大损耗了"交战"各方的利益，也迅速破坏了刚刚见些眉目的经济秩序，甚至政局稳定也因寡头们的巨大破坏能量而受到危害。而随之金融危机的席卷全球，俄罗斯的政治经济形

势更是雪上加霜,政局动荡不堪,经济滑至历史谷底。在此大背景下,俄罗斯的寡头们发生了分化与重新整合,寡头集团内部的势力进行了一次大的洗牌,一些寡头逐渐淡出了这个圈子,寡头们的整体势力也受到了严重的挫折,这也为日后寡头遭到清算埋下了伏笔。

1."银行家的战争"

引爆"银行家的战争"的导火线是一家名为"通信投资"公司的公开私有化,两位寡头古辛斯基与波塔宁围绕这家公司的归属展开了激烈的角逐。通信投资公司是一家拥有88家地方电信公司和作为长途及国际电信营运商的通信公司,通信投资公司在这些子公司中各拥有38%的股份与51%的投票权,这使它在理论上可以控制几乎整个俄罗斯电信行业,这样的获利机会自然谁也不想放弃。古辛斯基的旗下媒体在总统大选中摇旗呐喊,贡献良多,此时想要以此作为待分的一杯羹,并为此在前期投入了大量的精力,而几乎同时,波塔宁集团也决心不放过这个获得巨额利润的机会。双方进行了激烈的对峙,并找到丘拜斯以为仲裁。丘拜斯作为青年改革派的领军人物,本身就与寡头是一种相互利用的关系,此刻大权在握,正急于摆脱贷换股的污点,他需要树立一个干净的、公开的竞拍典型,因此丘拜斯力主拍卖将对所有人开放。

1997年7月25日竞拍的结果是,波塔宁集团以18.7504亿美元打败了古辛斯基集团的17.1亿美元竞标价格,赢得了通信投资公司的控股权,也使得达沃斯同盟就此瓦解。古辛斯基的媒体工具随即展开对波塔宁与拍卖委员会的攻击,之后,更多的寡头与利益集团卷入了争斗,"银行家的战争"爆发了。

【俄罗斯经济】

　　俄罗斯拥有世界上最大的科技人员队伍,成人识字率达94%,基础科研、军事技术、教育、文化、卫生等事业相当发达,人才济济,这不是一般发展中国家和新兴工业化国家所能比拟的。

　　古辛斯基一方的攻势从质疑竞拍开始,逐步引申到了对联邦资产局局长阿尔弗雷德·科赫的攻击。7月28日古辛斯基的《今日报》发表社论,认为波塔宁与科赫交往过密,其中隐藏了许多不为人知的私下交易。科赫是青年改革派的重要成员,他遭到攻击也同时把青年改革派引入了战团。

　　这时寡头们之间的气氛变得空前紧张。有知情者描述道:"说起来真可笑,人们都说七个银行家统治国家,他们又互相憎恨,相互之间有利益冲突。当他们围着一张桌子坐在一起时,你从空气里都能感到紧张的气氛。"

　　8月18日,《今日报》抛出了重磅炸弹,指出科赫曾经从一家神秘的瑞士公司领取过10万美元的稿费,名义是为了写一本关于俄

罗斯私有化的书。这一指控极具杀伤力，青年改革派成为了众矢之的，此后的批评不断升级。作为反击措施，青年改革派则设法使别列佐夫斯基丢掉了国家安全委员会的官职。及至11月12日，古辛斯基的电台又披露了第二桩稿费丑闻：五位青年改革派人士，包括丘拜斯、科赫在内，只是撰写了某一本书的部分章节，就

获得了各自9万美元的稿酬，总计稿酬达到45万美元之巨，而该书的出版商——斯格德尼亚出版社由波塔宁的欧姆斯科银行持有51%的股份。青年改革派遭到了致命的打击，稿费风波涉及的团队随即被解职，丘拜斯也被解除了财政部长的实职。

　　从7月开始的斗争在11月告一段落，虽历时仅四个月，但其破坏性却相当巨大。首先，争斗使寡头们的同盟分崩离析，寡头们所拥有的巨大经济实体之间的冲突严重扰乱了市场秩序；其次，争

斗使新任期的新政府濒临垮台，经济改革进程受到很大的挫折；再次，主要通过媒体斗法的争斗造成了社会氛围的整体不信任感，使社会陷入了无所适从的境地，直接危及了经济生活的信心，这也是随后经济危机爆发的重要社会心理因素。

2．金融危机的冲击

对寡头造成真正大规模冲击的还是1998年爆发的金融危机。这次危机的发生应该认为是内外条件共同作用的结果，外部因素体现在席卷全球的金融风暴，内在基础则是俄罗斯国内脆弱的财经环境。经历了政局动荡与"休克疗法"的冲击后，俄罗斯经济一直处在勉力维持的局面，收入颓势不止，债台高筑。俄罗斯政府全部收入在1992—1994年间下降了相当于国内生产总值的3.7个百分点；1994—1996年间又下降了32.5个百分点。在1997年中，联邦政府收缴收入不足国内生产总值的12％，比预算目标低约30％。收入中有20％的收入形式是冲销相互税务、支付债务和其他非资金性交易，却不是向预算上缴资金。而1998年头5个月国家预算收入为1250亿卢布，实际收入为800亿卢布。另外中央银行原行长杜比宁5月7日指出，1998年度预算用于偿付外债的支出已接近预算的8.4％。

但在一片经济阴霾中，1996年的大选过后的经济走势，人们还是抱有期待的。政府保持了连续性，避

免了剧烈的政策转向的可能；大集团形成了合力，有利于经济稳定；经济发展的惯性要求触底反弹等，都展现出了经济短期向好的迹象。但随即出现的"银行家的战争"打乱了这一趋势，寡头之间开始相互争斗，新任期的政府破产，国民经济的理顺工作又限于停滞。这次事件比较充分地

【俄罗斯经济】

由于俄罗斯拥有前苏联经济总量的3／4左右，所以具有基础雄厚、部门齐全的工业，主要工业品的产量仍在世界占有重要地位。

表明了寡头们的贪婪本性与国家的整体利益有着不可调和的矛盾，寡头们不会为大局而做出妥协，也不具有克服短视的能力。盖达尔对此评价道："坦率地说，我没有预计到这场冲突会发展得这样迅速和激烈。我们没有估计到，这些所谓的寡头们是多么缺乏战略眼光，他们在很大程度上根本搞不清楚自身的利益是什么。他们是最富裕的人，因此，如果俄罗斯市场衰落了，那他们将是最大的受害者。我们并不奢望他们能有多么高的道德水准，但我们的确曾以为他们要比实际的表现更加明智。"

寡头们的急功近利还表现在经营的操作手法上，他们过度专注于投机。在1997年上半年，俄罗斯的实际经济增长率为零，反映俄罗斯50种主要股票的"莫斯科时报指数"却上升了140％，一些股票市价上涨5~10倍。金融泡沫危害极大，很容易形成金融市场的剧烈动荡，但此刻在俄罗斯大地上自恃可以呼风唤雨的寡头们却是有恃无恐，其结果是遭到了市场的严厉惩罚。1998年5月受各种不利消息影响，俄罗斯金融市场开始出现剧烈波动，再贴现率由30％提至50％，再提至150％，一天期银行间拆借利率涨至100％～120％。随后再贴现率回落至60％。6月25日又提高到80％。7月初，国债收益率高达90％，后又突破

110％大关，经济形势岌岌可危。

直到7月中旬，国际货币基金组织的紧急援助方案推出，将为俄罗斯提供总价226亿美元的贷款，并马上提供第一笔48亿美元支持俄罗斯中央银行的货币储备后，市场才稍稍松了一口气。

但好景不长，到8月初，反映100种工业股票的"俄罗斯交易系统——国际文传电讯"综合指数下跌55％，跌破俄交易指数三年前开业的起点。各种传闻、谣言、消息漫天飞舞，不利消息接踵而至。穆迪投资服务公司与标准普尔先后降低了对俄罗斯及其主要银行的信用指数，各种资金都在陆续撤出俄罗斯市场。8月13日，国际金融投资巨头索罗斯在《金融时报》发表了一篇著名的文章，认为"俄罗斯金融市场已经进入到了终结阶段"，该文产生了巨大反响，引发了俄罗斯金融市场的挤兑狂潮，政府的最后努力也就此宣告失败。8月17日，卢布被宣布汇率变更，从1美元兑换6.18卢布贬值为1美元兑换9.5卢布。到9月2日，政府彻底放开外汇兑换牌价，卢布突破了1：20的大关。这一年，在全年国民生产总值下降4.6％的同时，经济界和民众一度丧失了对卢布的信心，导致卢布大幅贬值，由最初的1：6.1880到1999年1月6日的1：20.6500，及至1999年5、6月间下跌至1：24～25之间。

【俄罗斯经济】

1995年俄罗斯天然气产量居世界首位(23233千万亿焦耳)，原油(3.1亿吨)、合成橡胶(83万吨)产量居世界第三位，发电量(8675亿千瓦时)、粗钢(4903万吨)产量居世界第四位，化肥产量(827万吨)居世界第五位，硬煤(1.66亿吨)、水泥(4196万吨)产量居世界第六位。牛奶产量(3545万吨)居世界第二位，谷物(6803万吨)和肉类(687万吨)产量都居第四位。

在金融危机的狂潮下，俄罗斯寡头们遭受了他们追逐财富道路上空前严重的挫折。其中斯莫棱斯基的损失尤为惨重，他不同于其他寡头，涉猎了诸多经济领域，斯莫棱斯基一直专注于自己的金融事业。他的首都农业储蓄银行就是他的核心资产，因此几乎是蒙受了灭顶之灾。

金融危机中，首都农业储蓄银行资不抵债，拒绝偿付贷款，被政府托管。"这个拥有1200家分支机构、570万存款者、无数的自动取款机、信用卡的银行业巨人，成为了一个全盘皆输的象征。"之后不久，俄内务部调查局开始调查斯莫棱斯基非法经营案件。为此，斯莫棱斯基不得不跑到维也纳去避难。随着案件调查的深入，1999年春天俄总检察院冻结了斯莫棱斯基的股票，并对其进行国际通缉。后来，由于种种原因，俄检察机关撤销了对他的起诉。近几年，斯莫棱斯基的生意越来越差，已经很难再复当年之勇了。

【俄罗斯经济】

从产业部门结构上看，根据世界银行提供的资料，1992年俄罗斯国内生产总值的产业构成为，农业占13%，工业占49%，服务业占38%，表现为一个典型的工业化中期阶段的产业结构，其服务业比重水平甚至低于许多拉丁美洲国家。

另一个寡头——维诺格拉多夫，国际商业银行的老板，在1998年金融危机中，国际商业银行遭到致命的打击，所欠23万储户的存款无力偿还。在俄中央银行没收了国际商业银行营业执照后，1999年维诺格拉多夫申请破产。2001年，俄罗斯审计院指控他非法转移资产，但司法机关没有追究其刑事责任。在"七大寡头"中，维诺格拉多夫输得最惨，有人揶揄说，正如维诺格拉多夫的姓氏（俄语意为葡萄）一样，他已是一串烂掉的葡萄。

其他几位寡头，霍多尔科夫斯基、波塔宁和古辛斯基的银行部分，包括梅纳捷普银行、俄罗斯联合进出口银行也都受到严重冲击，实际上处于了破产的边缘，只是依靠着赖账与欺骗苟延残喘。

第三节　具有强烈的政治色彩

我们曾强调俄罗斯寡头的本质属性即在于其"干政"的特点，俄罗斯寡头之于标准意义上的经济寡头的区别也正在于此。下文我们将就这种特性的产生逻辑及表现特征做以下分析。

1. 得益于政治而需要"干政"

俄罗斯寡头的成长历程清楚地表明，政策因素与政局因素对寡头们取得如此的地位起着关键性的作用。寡头们从政治中得到了最大收益，自然希望对这个带来最大收益的因素加以夯实直至牢牢掌握。具体来讲，至少有以下三方面的原因可以说明寡头干政的主观逻辑。

首先，从基础的层面上讲，所谓的大政方针决定了国家经济的发展方向与路径，这是寡头们得以产生和壮大的前提条件，也是他们进一步发展的根本性的保障。这一点可以概括为寡头干政的政策动因。

【俄罗斯经济】

1990年原苏联人均国内生产总值曾为5306美元，1991年降至4994美元，属中等收入水平国家，居世界第四十五至五十位。由于经济滑坡，俄罗斯人均国内生产总值到1995年跌至2240美元，已属下中等收入水平国家。

1996年4月在总统选举前三个月，俄罗斯几大日报同时刊登了13个"大银行家"致叶利钦与俄共领袖久加诺夫的公开信，这13人中包括所有的超级寡头如别列佐夫斯基、古辛斯基、斯莫棱斯基、波塔宁、霍多尔科夫斯基等人，他们请求叶利钦与久加诺夫握手言和，保持国家稳定，保持政策稳定。公开信还威胁对这两人持异议的其他政治力量："对那些表现得毫无原则性及和解能力的政客，我们有足够的办法和意志去对付他们。"此事例可以明显看出寡头们对国家发展方向的强烈关注与不惜全力干涉的决心。

其次，从具体的层面上讲，国家经济领域出台的法令法规对寡头们的具体经营有着巨大的影响，最有把握使政策向自己利益倾斜的办法无疑就是让自己成为规则的制定者。实现这个目标的最好的途径就是直接进入政府或操纵政府，使政府为自己服务。既上场参赛，又充当裁判，这样状态下的寡头，毫无疑问会永远立于不败之地。这一点我们概括为寡头干政的政府动因。以波塔宁与别列佐夫斯基为例，1996年大选之后，二人直接进入政府高层，此举为他们带来了巨大的收益。

【俄罗斯经济】

从外贸商品结构上看,原苏联主要出口商品依次为石油及其制品、天然气、金属、木材和工业制成品(包括机械设备和武器),主要进口商品依次为谷物及食品、机械设备、钢材、民用工业消费品。

波塔宁被任命为第一副总理的消息公布的当天,仅几小时之内所经营财团的企业股票即出现暴涨,抵押给波塔宁财团的诺里尔斯克镍业的股票上涨4.6%,全天上涨8%。其他金融工业集团的股票也紧随上升。叶利钦总统还签署总统令,向波塔宁财团所属的诺里尔斯克镍业提供优惠税收政策和6.9万亿卢布的财政支持。波塔宁进入政府后,其财团便在"投资竞标"中,以23000万埃居廉价获得诺里尔斯克镍业38%的股份。其时参加竞标的均是波塔宁财团所属企业,其他财团则被排除在外。波塔宁财团而后又瞄准"辛丹卡"石油公司。波塔宁财团事先规定了特殊条件,要求参加竞买的企业必须是已经占有"辛丹卡"最大的采掘企业"切尔诺戈尔石油公司"13%股份的财团,而当时只有波塔宁财团的国际俄罗斯石油公司握有该企业15%的股份。最后财团仅用1亿美元就买断了"辛丹卡"34%的股份。波塔宁的奥涅克辛姆银行则不仅成为国家许多部门的代理银行,掌握国家预算和外贸资金,而且参与武器进出口的业务。从1996年8月波塔宁当上第一副总理至1997年3月被解职不到一年的时间内,奥涅克辛姆银行资产急剧扩张,从排行第五迅速上升为排行第三。

别列佐夫斯基担任国家安全会议副秘书后,个人财富猛增。在《福布斯》杂志

1997年评选的200世界富翁排行榜上，别列佐夫斯基名列第九十七，拥有私人财产30亿美元。1997年1月，别列佐夫斯基进入俄罗斯十大政治家行列，10月美国一家杂志评选世界最有影响的人物，俄罗斯只有总统叶利钦（第十四位）和别列佐夫斯基（第三十一位）榜上有名。

无论是游说、威胁、利诱，还是其他手段，必须想尽一切办法保持对政府的影响力，这是俄罗斯寡头的生存方式所决定的。关于这一点，波塔宁认识得很清楚。在竞选时，波塔宁就与其他金融工业集团代表商量说，大银行家中必须有一人到政府里去任职。此想法得到了大银行家的支持，并集体决定荐举波塔宁入阁。波塔宁在担任第一副总理后对俄罗斯报界的谈话中，也毫不掩饰地表示，并不担心在副总理的岗位上被指责为商业银行的利益利用权力。"请大企业家进入政府是完全符合逻辑的步骤，因为这可以带来具体的好处，并且在任职期间打算依靠商界同行的支持"。

从副总理的岗位卸职后，波塔宁的商业利益立竿见影似的受到影响。1997年5月12日，叶利钦总统发布"关于加强对联邦预算资金使用的监督措施"的总统令。而后，俄罗斯政府紧急事务委员会决定从全权委托银行制向执行联邦预算的国库制度过渡。1997年8月28日，俄罗斯政府通过"关于加快向执行联邦预算的国库体制过渡的措施的决议"，规定从1998年1月1日起实行收入和预算资金的国库制。1997年8月19日，俄罗斯中央银行宣布，中央银行准备为俄罗斯海关委员会提供账户服务，撤销以前在私人商业银行设立的海关委员会账户，转移到中央银行。这对12家掌管海关委员会资金的银行，特别是波塔宁的奥涅克辛姆银行是一个打击。仅11月从奥涅克辛姆银行转往中央银行的海关

【俄罗斯经济】

俄罗斯现仍以出口原油、燃料为主。由于经济的滑坡，对外贸易额也在下降。1995年俄罗斯的进出口贸易额仅占世界贸易的1.35%。

资金就达3万亿卢布，至12月又有17万亿卢布转往中央银行。这时波塔宁重又施展能量，以不为人知的手段成功干扰了这一进程，1998年1月，全权委托银行制度并没有废除，公开的理由是

【俄罗斯经济】

俄罗斯自19世纪后半叶以来长达百余年的工业化历史为其构筑了雄厚的经济基础，使其在科学技术、基础设施、工农业装备等方面步入了发达国家的行列。

中央银行没有做好充当国库的技术准备。因此，原来的委托银行制度由指定和自选改为招标。有幸获得全权委托银行殊荣的只有十几家大财团。这样，奥涅克辛姆银行等仍然可以经营国家的预算资金并利用国有资金投机。

再次，寡头干政也是出于保护已获成果的考虑。俄罗斯寡头一夜暴富，短短数年聚敛了大量财富，其中有太多不能见光的事情，每一处的败露或被追究都有可能导致寡头们的倾覆。能够横跨政经两界，干涉甚至操纵政府当然是确保果实的最有效办法。此点可以概括为寡头干政的安全动因。

别列佐夫斯基在接受英国《金融时报》记者采访时就曾公开承认，他与支持叶利钦竞选的其他金融工业集团人士和竞选班子成员"得出结论，必须参加政府以保护俄罗斯的资本主义，商界认识到如果商界得不到巩固，如果我们不是强大和果断的，就丧失机会，要让俄罗斯的市场过渡自动地去进行，那是不可能的。因此，必须运用我们的

全部权力去实现这一过渡"。

出于上述动机，俄罗斯寡头干政的意愿与动作随着实力的上涨日益增强，其高潮出现在帮助叶利钦连任之后。这段时期寡头们可以说是在俄罗斯政坛翻手为云，覆手为雨，在斗垮了几乎是唯一可以一比高下的劲敌——"青年改革派"的领军人物丘拜斯之后，寡头势力达到了峰值。

1997年9月17日，丘拜斯为摆脱一些金融工业集团的压力，强调国家不能容忍银行家们和那些大型企业向政府施加压力的企图，指出他们应当为国家效力。同年12月，丘拜斯进而讲到，政权为金融工业集团服务和金融工业集团为政权服务两种做法都是错误的。商业应与权力相分离。它们各自的任务和决策方式不同，国家不能不帮助企业财团，但当今天金融工业集团已经壮大了的时候，国家绝不应成为企业集团的附庸。涅姆佐夫在其任第一副总理期间，多次指出俄罗斯是在搞半掠夺式的资本主义，寡头资本主义。涅姆佐夫认为俄罗斯存在三条道路：一条是权贵官僚资本主义，一条是寡头资本主义，第三条道路称为大众资本主义，是一切权力、资产和金钱属于多数人民，这是俄罗斯应当追求的。涅姆佐夫在一次谈话中还批评称，从事商务的别列佐夫斯基拥有特权就是因为他可以直接接触国家领导人，由有对政权施压手段的人制定游戏规则，是野蛮的资本主义，现在俄罗斯正在摆脱这种资本主义。1997年11月，当别列佐夫斯基被解除安全会议副秘书职务时，涅姆佐夫再次称

【俄罗斯经济】

尽管苏联时期的俄罗斯形成了当时相当发达的交通、通信业基础，但进入90年代后期，经济发展的停顿则使其在高速公路、高速铁路、集装箱运输、港口作业现代化和港口大型化、光缆传输、卫星通讯、城市电话、移动电话、传真、计算机网络及电子通讯等许多领域及其相应的设备制造方面不仅大大落后于发达国家，也落后于许多发展中国家。

【俄罗斯经济】

在农业方面，俄罗斯在农场（农户）规模和机械化水平上早已实现了大农业，谷物、甜菜等种植业也形成了专门化地区。但俄罗斯多年来未解决饲料用谷物依赖进口的问题。

这是为摆脱寡头资本主义迈出的重要一步。

1997年11月5日，在丘拜斯等人的要求下，叶利钦总统签署总统令，解除别列佐夫斯基俄罗斯国家安全会议副秘书的职务，另有任用。此举在俄罗斯政坛引起轩然大波，舆论哗然。当时的俄罗斯第一副总理丘拜斯和涅姆佐夫对外界宣布，别列佐夫斯基被解职与其利用公职参与商务活动有关。别列佐夫斯基却自有说法。他否认滥用职权经商，称丘拜斯和涅姆佐夫对他的这点指控不值一驳，他担任公职期间完全遵循俄罗斯立法并将其所有股份交由公司代管。别列佐夫斯基坚信其被解职另有缘由，并抱怨被解职所遵循的程序不公。他认为丘拜斯这样的官僚直接进入总统办公室，让总统签署总统令，是罪恶之源。别列佐夫斯基还透露，丘拜斯曾说过，他有办法签署任何总统令和进行任何人事变动。

随后寡头们利用媒体与在议会中的势力对丘拜斯等人展开攻击。1997年9月15日，叶利钦亲自出面会见六大财团代表，劝说他们与政权合作，不要动丘拜斯等人，仍无济于事。

1997年11月11日，俄罗斯《人物》杂志主编、《新报》评论员亚力山大·明金在"莫斯科回声"电台披露俄罗斯第一副总理兼财政部长丘拜斯等五名高官索取高达45万美元稿费的丑闻，每人获得9万美元，但所著

《俄罗斯私有化史》一书还未见踪影,并指责丘拜斯等人变相受贿。参加本书撰写的都是搞私有化的官员,除俄罗斯"私有化之父"丘拜斯外,还有政府副总理兼国有资产管理委员会主席博伊科、联邦破产委员会主席莫斯托沃伊、总统办公厅第一副主任卡扎科夫以及前政府副总理兼国有资产管理委员会主席科赫五

人。据俄罗斯《今日报》等报透露,该书共9个印张,这样每行字价值72美元,可谓"一字千金",成了"金书"。

1997年11月13日和15日,叶利钦下令解除了博伊科、莫斯托沃伊和卡扎科夫的职务。叶利钦以现在尚找不到合适人选接替丘拜斯,其辞职将"引起权力机构不稳并给国家经济带来严重损失"为由拒绝解除丘拜斯职务。叶利钦在向总检察长调阅了有关稿酬事件的材料后公开表态认为,"这不是违法行为,而是国家官员的

【俄罗斯经济】

在国民经济中工业过重，轻重工业比例失调，军用和民品制造业比例失调是苏联以及俄罗斯经济长期以来的结构性特征。

不正当行为"，同时打电话批评了丘拜斯。

1997年11月25日，丘拜斯被撤销财政部长职务。12月2日，叶利钦利用会见18名年轻企业家的机会，再次向财团发出警告，指出财团可以指望与总统和政权合作，但财团不要幻想凌驾于政权之上，不管对哪级政权这样做都是无益的。

但1998年3月，叶利钦最终还是改组政府，撤销了丘拜斯等人的职务，寡头们也获得了一场关键战役的胜利，他们的干政能力震惊了所有人。

2．无法"干政"则依附于政治

俄罗斯寡头们的政治属性决定了他们与政权有着极高的关联度，这种密切的关联是驱使寡头干政的主要动因，换言之，只要寡头与政权的血脉相连的状况不被改变的话，寡头干政在一定意义上就是不可避免的。

鉴于此，在根源性因素没有消除的情况下，只是依靠强力手

段对寡头干政进行惩戒,很难达到一劳永逸的效果。在与政权相结合的出发点没有改变的情况下,对政权实行控制的企图受挫后,寡头们自然地转向了曲线结合的方式,即开始依附于政权,完成了一个态势上截然相反的逆转。

这种极端性是俄罗斯寡头的一个重要特性,由他们与生俱来的生成性质所决定。"近之则不孙,远之则怨",缺乏独立品格的资本集团很难担负起创造与维护良性的经济环境的使命。

第四节　具有强烈的历史色彩

　　俄罗斯寡头的这项特性涉及它的前景问题，我们认为，俄罗斯寡头现在已经进入衰退期，在未来虽然不排除大资本重新干政的可能，但届时的大资本无论是自身的成因、结构，还是干政的手法、方式，都会与当年的"寡头"有着很大的不同。就"标准意义"的俄罗斯寡头而言，他们只属于一个特定的年代。

　　1．特定时代的产物

　　俄罗斯寡头的一个明显特征是具有很强的历史色彩，是一个特定时代下的特定产物。俄罗斯迅猛的社会转型、缺乏经验与调整能力的经济政策、独特的权力分布状态、特殊的人文环境等，只有这些因素同时出现并结合在一起，才有可能产生俄罗斯寡头这种现象。

　　如同其他的时效性事务一样，时代属性使俄罗斯寡头现象很难在日后被复制，缺乏后来者，难以维继也很有可能导致俄罗斯寡头现象就此被定格在阶段性的时间里。

2．对于特定时代具有特定作用

在前文的分析中我们认为，俄罗斯寡头的出现在很大程度上是政权扶植与栽培的结果，这其中不可否认曾有良性动机的存在，而扶植与栽培的持续也从侧面证明了良性动机至少有所实现，因此对于俄罗斯寡头在特定时代发挥的特定作用我们应该比较全面地看待。

不可否认，俄罗斯寡头现象给国家带来的危害与损失要远远大于收益。寡头们为一己私利严重干扰政局，控制政策，试图私有化从政权，无论是在结果上，还是在后果上都造成了严重的损害。但从当时政权的逻辑来看，寡头带来的"弊"可以视作是寡头带来的"利"的代价，一定程度上是政权可以接受的，毕竟扶植策略的初衷还是有所实现。

政治方面，左派与右派水火不容，寡头势力在争斗中站在了"反左"的一方，并获得了阶段性的胜利。这对于"反左"阵营显然是有功绩的。

经济领域，20世纪90年代当政者有两大经济使命：通过私有化为经济注入生命力与增强民族经济的竞争力，在完成这两方面目标的过程中，寡头势力都起到了先锋带头的作用。

到2000年俄罗斯最大的64家公司的总销售额为1090亿美元。其中470亿美元主要由俄罗斯天然气工业股份公司和统一电力公司之类的国有企业创造，但私有企业则超过半数，拥有620亿美元的销售额。

【俄罗斯经济】

俄罗斯的制造业在军品生产技术、设备、产品品种和质量、产品产量方面均居世界先进水平，军用飞机、舰船、装甲兵器、制导武器及其运载设备、军用电子以及航天飞行器等科研和生产水平可以与美国相伯仲。但其干线客机在世界市场的份额却只有10%左右，民用船舶生产长期依靠进口，1991年油轮建造吨位只及我国1/2，汽车产量低于我国居世界第十二位。

【俄罗斯经济】

俄罗斯包括小汽车在内的耐用消费品虽产量较大,但技术等级、产品种类和产品质量较发达国家明显落后,服装、鞋帽、箱包、日用化工品、食品饮料、印刷物和小百货等更是长期落后。因此,制造业中的民用消费品生产在开放市场条件下遭到外国产品的严重打击是其近年工业滑坡的重要原因之一。

政权刻意扶植的金融工业集团也成为了俄经济中最活跃的部门,尤其在经济总量下降的背景下更突出:1996年全俄工业生产下降5%,而金融工业集团的工业产值却猛增三倍,从26万亿卢布跃增到100万亿卢布以上,在GDP中的比重由2%升至10%,在全俄投资平均下降18%的情况下,15个金融工业集团基本投资增长率却达到250%。当年全俄外贸出口增长8%,而一些金融工业集团则增长28%。这些企业债务低,管理好,具备高技术开发潜力,甚至可以说是俄罗斯现代企业经营的典范。

在提升民族工业竞争力方面,以俄罗斯铝业为例,也堪称不辱使命。据俄罗斯铝业协会发布的数据显示,2006年俄罗斯铝产量总计309.4万吨,较2005年同期增长2%。这基本与较前9个月的增幅及2005年同期1.5%的增幅保持一致。产量提高主要源自于

俄罗斯铝业公司和西伯利亚乌拉尔铝业公司冶炼网络技术升级。预计一旦俄罗斯铝业公司年产30万吨的Sayansk冶炼厂投入运营，俄罗斯铝产量将进一步提高。Sayansk冶炼厂是继苏联解体后俄罗斯地区新筹建的第一家铝冶炼厂。冶炼厂的一期工程在11月开始投入运营，而二期工程在2007年开展。

俄罗斯铝业公司国际工程主任还表示，该公司正考虑在中国参与投资兴建一年产60万吨的铝厂以及一个120万吨氧化铝厂。俄罗斯铝业公司此前曾宣布，公司将投资亚米尼亚工厂以助于推动铝箔产品的销售工作。目前俄罗斯国内市场和亚洲、独联体的需求渐长。公司将在俄罗斯以外地区寻求原料，但仍会把其大部分冶炼业务保留在国内，以充分利用本国的电力和能源优势。

该公司之前为世界第三大铝业公司，而在完成兼并主要竞争对手西伯利亚乌拉尔铝业公司以及瑞士贸易公司嘉能可（Glencore）的铝业资产后，俄铝成为了完全自给

财富 世界行
CAI FU SHI JIE XING

【俄罗斯经济】

　　俄罗斯的经济正处在由社会主义计划经济向市场经济的过渡中。经济所有制由公有制向私有制的变革，经济调控机制由高度统一的中央计划体制向市场配置与竞争体制的变革，商品价格的全面放开，国内市场的开放和外国商品的涌入，政府经济职能和管理体制的改变，使长期在计划经济条件下生存的企业、政府、居民不可能很快适应，一些过激改革措施的出台更加剧了这种不适应状态。

自足的铝业公司，可以将原材料加工成为铝箔和罐制品。2006年合并事宜已得到了俄罗斯和其他国际性反托拉斯规划署的通过，俄罗斯总统弗拉基米尔·普京对双方的合并也表示赞许。合并在2007年4月完成，新公司命名为俄罗斯联合铝业公司，联合公司将遍及70多个国家并使公司的行业运作扩展到全球范围内。公司也成为了全球第一大铝业公司，总产量略高于美国铝业（Alcoa）。然而，两家俄罗斯企业拥有一系列引人瞩目的新冶炼厂建设计划，使其可在未来与竞争对手拉开更大的差距。

第五节　具有很强的不稳定因素

俄罗斯寡头的第三个特性在于他们的不稳定性。相比于西方国家的工商巨子，俄罗斯寡头虽然有着令人眼热的飞速崛起，但同时他们也可以迅速垮台，今天还是风光无限，转眼间就风消云散，稳定性之差也可以说是世界之冠。究其原因，以下几点可以说是其中重要因素。

1．出身"原罪"说

俄罗斯寡头的成长史，基本上就是一部对国有资财的盗窃史，尽管手法比较隐秘与高明，但在有决心的追查面前还是会破

【俄罗斯经济】

俄罗斯经济体制的变革又是以国家政治的变革为先导。苏联解体一方面削弱了俄罗斯的国际政治地位，另一方面又引发了俄罗斯及各少数民族的民族主义情绪。民族地区问题不仅造成俄联邦整体和中央政府的调控能力更加弱小，而以政治多元化为先声的民主政治体制的建设带来了国内党派林立的局面，党派间为争夺政治权力的斗争又使国家政权处于不稳定的状态。这一系列的政治矛盾在很大程度上干扰着经济改革与发展的秩序。

绽百出，无所遁形。对寡头们而言，对历史的清算永远是悬在头上的利剑，出身上的"原罪"是不可能除掉的污点，也是使他们永远处于不稳定状态的最重要的根源。

2．立身于政权需求

政权的策动是成就寡头的关键因素，寡头与政权的需求密不可分。这种情况下，一旦政权的需求发生变化，寡头的立身之本就会发生动摇，这也是寡头很难保持稳定的重要原因。

3．置身在核心经济领域

俄罗斯是一个市场能力偏弱的转型国家，促进经济繁荣需要国家力量的必要介入，这就要求国家必须具有把握经济重心的能力。而俄罗斯寡头们的核心资产恰恰都处于国家的核心产业中，

国家与寡头的经济利益构成了难以调和的矛盾，随着国家执政能力的增强，这将使得寡头们处在了与国家争利的边缘，随时有可能遭到沉重打击。

4. 寡头集团内部的利益纷争

当年的"银行家的战争"很鲜明地显示出了寡头的这种劣根性，即目光短浅，相互争利，贪婪而缺乏团结，很难形成合力，容易被各个击破。这是寡头的固有属性，资本聚积形成了数量很少的寡头后，在利益归属非此即彼的局面下，寡头间就基本失去了团结的余地。所谓的"囚徒困境"会导致相互的不信任与争斗，此特性也为俄罗斯当权者所发现并利用，在普京政府打击寡头的过程中也印证了这一点。

【俄罗斯经济】

在经济结构方面，俄罗斯工业中占很大比重的军事工业由于世界冷战格局结束，国家军事订货锐减而更加暴露出畸形发展的弊端。

第六节　财富名人榜——霍多尔科夫斯基

1963年6月26日，霍多尔科夫斯基出生在莫斯科一个普通的集体公寓里，是独生子。

1986年，霍多尔科夫斯基毕业于莫斯科门捷列夫化工学院。同年，年仅23岁的霍多尔科夫斯基当选为共青团莫斯科市委第二书记。一年以后，霍多尔科夫斯基接收了跨地区的青年科技创业中心，成为苏联时期最早下海经商的弄潮儿。

1988年年底，颇具经济头脑的霍多尔科夫斯基同别人合伙开办了一家商业投资银行——梅纳捷普银行，并担任了董事会主席。

1992年，伴随着苏联的解体，俄罗斯开始大规模的施行私有化。霍多尔科夫斯基的梅纳捷普银行收购了100多家工业企业的股份，并开始建立子公司。梅纳捷普银行控股的俄罗斯工业公司下属30多家公司，这些公司涉及石油、纺织、食品、化学、有色金属、冶金、建筑材料等行业。

1995年12月，梅纳捷普银行在政府拍卖国有企业时，以3.5亿美元买下了尤科斯石油公司78％的股份，从此，尤科斯石油公司就成了霍多尔科夫斯基的摇钱树。

1997年，霍多尔科夫斯基淡出其他行业，专心经营石油公司，他为尤科斯公司投入了17亿美元的资金，后又花10亿美元购买了年产1100万吨石油的东方石油公司。

2003年4月22日,俄罗斯第二大石油公司尤科斯石油公司和第五大石油公司西伯利亚石油公司宣布合并,新公司取名为尤科斯—西伯利亚石油公司,新公司将成为俄罗斯第一、世界第四大石油公司。霍多尔科夫斯基的资产上升到80亿美元,在世界富翁排行榜中跃居第二十六位,成为全球最有影响力的十大富豪之一。

2003年10月25日,尤科斯石油公司总裁米哈伊尔·霍多尔科夫斯基在新西伯利亚机场自己的专机内被俄联邦安全局人员逮捕,然后被押送回莫斯科,接受俄总检察院的调查。

名人轶事

他与第一任妻子叶连娜结识,是在他们一起在莫斯科门捷列夫化工学院学习的时候。当时,霍氏是该学院的团委副书记,而叶连娜是学院团委委员。由于工作上的频繁接触,他们相识、相爱了,并最终结为夫妻。1985年,霍多尔科夫斯基的第一个儿子诞生,他给儿子取名为帕维尔。然而,帕维尔的出生并没有给这个小家庭带来多少欢乐,霍氏与叶连娜在帕维尔出生后不久,就平静地离婚了,儿子跟着霍氏生活。当时,帕维尔正在国外上学,父子见面的次数很少。而叶连娜在霍氏的帮助下,开办了一家旅游公司。

霍多尔科夫斯基的第二任妻子因纳,也曾在莫斯科门捷列夫化工学院学习。1987年,霍氏爱上了因纳。那时,霍氏已是梅纳捷普银行的行长,而因纳是该银行的外汇业务部职员。就这样,老板爱上了自己的职员。据说,从结婚到现在,霍多尔科夫斯基送给自己爱妻的唯一一件首饰就是结婚戒指。当朋友问及此事时,霍氏总是笑着说:"这是因为我对珠宝实在是没研究。"1991年,因纳为霍多尔科夫斯基生下了一个女儿,名叫娜佳。1999年,因纳又为霍氏生了一对双胞胎,名为格列布和伊里亚。

第二章 俄罗斯七大金融财团及其人物

　　七大金融财团包括：别列佐夫斯基的罗卡瓦斯－西伯利亚石油集团，波塔宁的奥涅克辛姆银行－诺里尔斯克镍业－辛丹卡集团，霍多尔科夫斯基的梅纳捷普－尤科斯集团，古辛斯基的桥集团，阿文和弗里德曼的阿尔法集团，斯莫棱斯基的首都储蓄银行－农工银行，阿列克别罗夫的卢卡伊尔集团。

财富小百科

　　在市场经济的环境下，金钱是人们生存的物质条件之一。赚到钱，赚到更多的钱，会使人们的生活水平大大提高，生活质量大大改善，这当然是大多数人所期望的事了。但怎样赚钱，特别是在资本不多的情况下用小钱赚到大钱呢？

　　用小钱赚大钱，很多人会觉得太难了。其实，这是因为人们习惯性思维束缚了智慧。今天，在千变万化的市场中，那种只有下大本钱才能赚大钱的思维早已过时，可以说，如果不能充分地了解和把握市场风云变幻的脉搏，即使下大本钱也不一定能赚钱，弄不好甚至会血本无归。反之，如果你能掌握市场，抓住机遇，用奇招取胜，虽然本钱不大，但照样可赚大钱。

第一节　七大金融财团的基本情况

七大金融财团包括：别列佐夫斯基的罗卡瓦斯–西伯利亚石油集团，波塔宁的奥涅克辛姆银行–诺里尔斯克镍业–辛丹卡集团，霍多尔科夫斯基的梅纳捷普–尤卡斯集团，古辛斯基的桥集团,阿文和弗里德曼的阿尔法集团,斯莫棱斯基的首都储蓄银行–农工银行,阿列克别罗夫的卢卡伊尔集团。

1. 别列佐夫斯基的罗卡瓦斯集团控制了全俄最大的石油一体化公司"西伯利亚石油"控股公司51％的股份。该公司石油储备估计为10.928亿吨。加入控股公司的还有石油采掘公司"纳亚帕利石油天然气"公司（1995年，该公司共采掘2034万吨石油，雇有41000名工人）、欧姆斯克石油加工厂（该厂有11800名工人，1995年生产石油产品1653万吨，由于在私有化之前实行了现代化，该厂的石油加工深度已达到91％，成为俄同行业中技术工艺水平最高的企业）、纳亚帕利石油天然气公司地球物理配套研究公司（1000名工人）、欧姆斯克石油产品销售公司（2500名工人）。

俄罗斯民用品开发一方面要求一定的转型时间,另一方面又遇到了进口商品的竞争。在军事工业带动下和长期粗放经济培育下的俄罗斯重工业,在部门构成上和技术类型上已落入世界"夕阳工业"的行列,汽车、飞机、电子、新型材料以及轻工、食品等部门亟待发展。

2. 波塔宁的奥涅克辛姆集团控制了"诺里尔斯克镍业"38％的优惠股和51％的有表决权的股份(该公司占有世界镍和钴产量的1／5,铂金和铂金族金属产量的42％和世界铜产量的绝大部分),"辛丹卡"石油控股公司51％的股份("辛丹卡"的石油储备量在俄罗斯排行第一,采掘量排第四)。除"诺里尔斯克镍业"外,还有20多个工业企业加入波塔宁集团,其中有库兹涅茨基冶金企业,诺沃利别兹基钢铁厂,诺沃库兹涅茨基铝厂,西北内河船运公司,外贸组织"果菜进口联盟"和"重工业出口",一系列建材生产企业,印刷公司。

3. 霍多尔科夫斯基的梅纳捷普集团控制尤科斯公司33％的控股权("尤科斯"的石油开采量在俄罗斯排第二,位卢卡伊尔之后。1995年的开采量为3800万吨。控股公司中最大的采掘企业是"尤甘斯克石油"公司,该公司1995年开采石油2800万吨)。此外,在私有化中,梅纳捷普得以建立起巨大的将银行和多个工业部门的数十家企业联合为一体的私人金融工业混合体(所谓金融工业集团)。梅纳捷普集团和它的控股公司"俄罗斯工业"中包括30多个公司,在公司的企业中有14万工人和职员。"俄罗斯工业"下辖9个部门管理局:石油、纺织(管理9个股份公司,其中包括纺织业巨头"俄罗斯纺织"和纺织科学研究院)、食品工业、化学、有色冶金、轻金属、矿石工业用化工制品、建材和商业。

4. 古辛斯基的桥集团在1996年末控制了50家企业,在这些企业中共有14000名职工。俄刊报道,没有一个集团能与古辛斯基集团在传媒方面的广度相比。1993年桥银行成立了"独立电视台"。它持有"独立电视台"77%的股份。由桥银行发起,联合自由化报纸《今日报》买下了《莫斯科回声》电台,发行了《7日报》,与美国《NEWS WEEK》周刊共同出版周刊《总结》。古辛斯基又提出了扩大自己信息帝国的计划,克里姆林宫给予了他这方面所有的支持。首先,在1997年,大大增

【俄罗斯经济】

以信息技术、自动化技术和生物工程技术为代表的新型制造业技术亟待开发。工业的结构性矛盾和长期以来服务业的滞后使近年来俄罗斯服务业的发展获得了相对有利的环境。商业、银行、证券、保险、财政中介等行业发展明显,外国资本对工业的冷漠和对服务业的投入更加激励着上述产业的发展。到1994年,服务业已占俄罗斯国内生产总值的50%,其产值较上年增长1/3,与工业产值下降21%形成鲜明对比。

加了"独立电视台"的播出时间,该台当时从早到晚都有节目。第二,正在制订独立电视频道的全球计划,打算在5个频道播送名为"独立电视—增加"的卫星电视。第三,向桥银行提供了在政府拟议中的出售国家联合通信体系"通信投资—俄罗斯电视网"25%股份计划中的特殊权力。

【俄罗斯经济】

　　作为一个经济大国,俄罗斯国民经济结构及其发展水平形成的特点有着历史的必然性。

　　5. 阿文和弗里德曼的阿尔法—金融工业集团有包括广泛的经营部门在内的一系列分公司:从生产水泥、出口石油到艺术品买卖的"阿尔法—银行"、"阿尔法—石油"、"阿尔法—房地产"、"阿尔法—艺术品"、"阿尔法—资本"、"阿尔法—水泥"等。截至1996年,它控制了俄罗斯最大的水泥生产企业"斯巴斯克水泥"、"矿山工厂水泥"、舒罗夫斯基和沃尔斯基水泥厂,掌握着"诺沃罗斯水泥"和苏沃罗日斯基水泥厂的大量控股权,有"托普基水泥"和"下达基利斯基水泥"的不少股份等。控股公司是俄罗斯最大的水泥生产商,水泥产量占全俄总产量的26%。它的工厂分布于前苏联从远东到高加索黑海沿岸的全部领土。"阿尔法—水泥"是一跨国康采恩·阿文—佛里德曼集团的投资银行"阿尔法—资本"占有"阿尔法—水泥股份公司"27%的股份,还有27%的股份掌握在世界市场上最大的水泥供应商——瑞士水泥控股公司"HALGE BANK"手中。阿尔法集团与别列佐夫斯基、波塔宁和霍多尔罗夫斯基集团的不同之处在

于，它没有石油开采和石油加工企业，"阿尔法—石油"是俄罗斯最大的石油和石油产品出口商，拥有政府颁发的有关许可证，可以不受限制地进入国家的输油管道。1996年它共出口价值6亿美元的500万吨石油（占全俄出口总量的6％）。"阿尔法—石油"还成功地得到了每年用150万吨石油与古巴换50万吨白糖的国家优惠合同。

6. 斯莫棱斯基的首都储蓄银行经营领域在银行业、建筑、石油开采和加工、有色金属业等。集团的基本活动在首都储蓄银行，该银行专门为私人储户服务，在莫斯科还没有一家银行的分行数量能与它相比。它在莫斯科市共有42家分行，数量上仅次于联邦储蓄银行。1996年11月，首都储蓄银行在取得对农工银行（在银行数量上排全俄第五，1996年11月30日，其资产超过117600亿卢布）控制权的投资竞标中获胜，用1300亿卢布购买了农工银行51％的股份。农工银行是1988年俄罗斯实行股份制的第一家银行，至1996年，政府在该行中的股份仅有2％，剩余股份均在各农业企业和私人银行手中。农工银行曾是政府对俄罗斯农业提供贷款的主要渠道，为保证预算对农业的直接贷款，俄罗斯政府通过农工银行对农业和加工业提供优惠贷款。近年来，农工银行对国家和农场都有大笔欠款，1996年末仅拖欠的商业贷款就达90000亿卢布。舆论认为，首都储蓄银行之所以对这样一个亏损银行感兴趣是因为：第一，能得到农工银行广泛的分行网归自己使用（该行在全国的分行共1200家，除联邦储蓄银行外，这比其他任何一家银行都多）。第二，使首都储蓄银行有运用国家预算对农工银行拨出大笔

【俄罗斯经济】
俄罗斯近代经济的形成不仅较西方发达国家晚，而且条件也较复杂。沙皇俄国一直是一个生产关系十分落后的农业国家。

资金的可能。1997年预算中用于这一目的共11.8万亿卢布。即使用这笔资金偿还商业贷款的欠债,仍有一大笔资金可留给自己支配。第三,斯莫棱斯基实际上成了国家的包税人,在这里仍可捞一笔巨款。斯莫棱斯基对传媒亦有着广泛的兴趣。他与古辛斯基一起是《今日报》和独立电视台电视公司的奠基人之一,是《新周报》的参股人,与别列佐夫斯基一起主持俄罗斯"公共电视台"的董事会,并持有该公司频道5%的股份。斯莫棱斯基还持有《商业日报》最大的股份。

7. 阿列克别罗夫的卢卡伊尔集团为俄罗斯最大的石油控股公司。1995年其石油开采量为5730万吨,超过"西伯利亚石油"和"辛丹卡"的总和。控股公司的总资产为44.1万亿卢布。公司开采石油的2/3用于出口或在国内销售,1/3在其位于彼尔姆和伏尔加格勒的企业中进行加工。俄罗斯凝析油产量的1/3是由该公司生产的。其

生产加工能力超过200万吨／年，占全国年加工生产量的11％。卢卡伊尔是集开采、加工和销售于一身的一体化公司。其基本的油田在西伯利亚，其中最大的为乌利耶夫斯基、巴卡恰夫斯基、北达尼罗夫斯基等。它还加入了在新诺沃罗西斯克附近建设大型石油加工厂"南方"的财团。工厂将加工来自里海油田的石油，该项目总价为15亿美元。卢卡伊尔公司还有自己的航空公司、通信企业、家具修理厂、运输—发送公司、医疗中心、商业大厦、保险公司和印刷厂。它甚至生产自己的伏特加酒——"卢卡伊尔伏特加"。

第二节　经济人物小传

　　我们选取了别列佐夫斯基、霍多尔科夫斯基、波塔宁、古辛斯基、阿布拉莫维奇、杰里帕斯卡等人作为研究描述对象，这一方面是因为他们是寡头群体中更为活跃、影响力更加突出的几个人，另一方面也是因为他们的处境更具有代表性，有人流亡海外，有人身陷囹圄，有人韬光养晦，有人春风得意，现状的对比本身就是一幅含义深邃的寡头浮世绘，它有助于我们更好地理解俄罗斯寡头。

别列佐夫斯基

1946年1月23日出生于莫斯科，别列佐夫斯基16岁时考入了莫斯科大学，并于30岁之前获得了技术科学博士学位。作为一名出色的数学家，别列佐夫斯基1991年被苏联科学院聘为院士，时年45岁。

在生意中，别列佐夫斯基结识了《星火》杂志的记者尤玛舍夫。尤玛舍夫当时正在为叶利钦写传记——《总统笔记》，是总统家的常客。《总统笔记》写好后，在出版经费方面遇到了困难。凭着多年搞科研养成的直觉，别列佐夫斯基意识到做官的机会来了。他通过自己的关系，让《总统笔记》一书很快在芬兰面世，印刷质量极其精美。别列佐夫斯基的官运自此亨通发达。

1992年至1993年间，他开始担任俄罗斯政府工业政策顾问。这期间，别列佐夫斯基大肆聚敛财富，先后控制了西伯利亚石油公司、俄罗斯民航、公共电视台和以销售汽车为主的洛戈瓦兹公司，迅速建立起自己的商业帝国。当时在美国权威杂志《福布斯》对全球富豪的排名中，别列佐夫斯基的个人资产名列全球第九十七位。

20世纪90年代初，他抵挡不住诱惑"下海"，并通过倒卖汽车赚到了第一桶金。后来，他靠投机钻营迅速暴富，并成立了联合银行。1995年12月，他伙同他人买下了西伯利亚石油公司51％的股份并控制了俄罗斯民航。为向政府施加影响，别列佐夫斯基收购了俄公共电视台16％的股份、电视六台29％的股份，并操纵着《独立报》、

【俄罗斯经济】

在封建的农奴制度下，农民不仅没有土地，而且人身权利也必须依附于国家、贵族或地主。这种生产关系导致生产力水平极为低下。落后的三圃制和广种薄收成为传统，谷物的单产量仅为谷物种子量的几倍。深居内陆，对外贸易不发达，国内农业基础薄弱，农民被紧紧地束缚在土地上，不仅使俄罗斯近代工商业发展障碍重重，而且也影响着其日后的农业发展。

《星火》周刊的部分股份。据说,他的财产约有30亿美元。由于结识了一位重要人物,别列佐夫斯基在一段时间内曾经官运亨通。1992年至1993年,他担任过政府工业政策顾问,1996年担任过联邦安全会议副秘书,1998年4月还被叶利钦任命为独联体国家执行秘书处秘书。1999年12月,别列佐夫斯基混入了国家杜马代表行列,但2000年7月他又主动放弃了代表资格。

2000年初,俄司法机关指控他参与了一系列欺诈案。为躲避牢狱之灾,别列佐夫斯基于2000年5月溜到英国。2003年3月26日,别列佐夫斯基在伦敦落网。俄总检察院曾准备将其引渡回国,但别列佐夫斯基居然说服英国政府同意了他的政治避难要求。

"在高峰时,7~10个寡头才是真正的政府,他们可以随意撤换总理,推行有利于他们的经济政策。"俄罗斯前总理盖达尔说。而叶利钦的连任和普京的上台,也是寡头们

支持的结果。别列佐夫斯基,这个寡头中的教父角色,甚至可以自豪地宣称自己为俄罗斯选择了两位总统。

霍多尔科夫斯基

1963年,霍多尔科夫斯基出生在莫斯科一个普通家庭,后毕业于莫斯科门捷列夫化工学院,拥有理学、经济学双学士学位。1995年,在尤科斯石油公司的拍卖中,霍氏旗下的梅纳捷普投资银行以3.5亿美元买下78%的股份。经过不断发展,尤科斯石油公司成为俄第一大、世界第四大私营石油公司,霍氏也一度成为俄罗斯首富。

原为共青团干部的霍多尔科夫斯基在合作社起步。1990年,他从莫斯科市苏维埃执委会接收了青年科技创新中心,并在此基础上成立了梅纳捷普投资银行,步入金融界。1995年12月,霍氏以3.5亿美元收购了尤科斯石油公司45%的股份。在1998年的金融危机中,梅纳捷普银行几乎破产。此后,霍氏一门心思从事石油生意,很快摆脱了财务困境。据《福布斯》杂志统计,从1997年到2003年,霍氏的财富由24亿美元增至80亿美元,在全球富翁排行榜上跃居到第二十六名,成为俄罗斯首富。

霍多尔科夫斯基最初为实现童年梦想所做的努力因为自己的出身而受到阻碍:在莫斯科门捷列夫化工学院获得工程学位之后,霍多尔科夫斯基希望自己能够获得一份在一家重点军工企业中的工作——尽管这不是分配给他那一届学生的最好工作,但是这样可以使霍多尔科夫斯基离自己的梦想更近一步。由于自己在班上名列前茅,霍多

【俄罗斯经济】

在西欧工业革命已基本完成,历时百年以后俄罗斯才于1861年开始废除农奴制和进行工业革命。这个时间差所带来的经济差距,对于后来开创了一条与西方不同的工业化道路的苏联来说,始终无法克服。

尔科夫斯基认为自己取得这份工作十拿九稳，但他的请求却遭到了拒绝。尽管从来没有人正式对他解释过原因，但是这位执拗的年轻人坚持认为，由于他是犹太人，政府认为他不适宜在保密性很强的军工企业工作。

在当时最正式的门被堵死之后，霍多尔科夫斯基只好选择其他道路。大学时代，由于当时盛行的"经费自筹"计划——工厂和各种组织自己筹集经费，共青团获得了可以自由支配自己获得的各种收益的权利。大学里的共青团其实成为了商会。供职于学校的共青团使霍多尔科夫斯基得到了开办一家"青年咖啡馆"的机会。但这位未来首富的首次从商并不顺利，"是一次不令人愉快的经历"，霍多尔科夫斯基回忆说。

但后来的经历就顺利得多。他创办了一家青年科学技术创新中心，在共青团和关系网的保护下进行商业活动。尽管名义上，青年科学技术创新中心是让青年科学家通过给工厂解决技术难题来赚钱，但是霍多尔科夫斯基和他的同事们的主要业务其实就是一个金融上的把戏：将非现金信用兑换成现金。

苏维埃体制下有两种资金：一种是现金，一种是非现金信用。现金是稀缺的，在

计划经济体制下，现金只能用在特定用途上，比如付给工人工资。对于工厂和企业来讲，并不稀缺的是虚拟的非现金信用。国家将它们作为对工厂的补贴存在工厂的账户上，它可以作为资金付给另外一家工厂，但是不能通过正规途径变为现金。两种资金的不对称导致了这两种资金价值的不平衡。一种评估是，现金形式的卢布，其价值是非现金形式卢布的10倍。

> **【俄罗斯经济】**
> 　　国外在重工业领域的技术和俄国南部顿巴斯、巴库等地的矿物资源相结合使俄罗斯的煤炭、电力、化工、冶金工业有了很快的、大规模的发展，这就是俄罗斯基础材料工业突出，而技术设备制造业相对落后的历史根源。

由于拥有广泛的关系网和包括银行高层在内的官员的庇护，霍多尔科夫斯基找到了一条将非现金信用兑换成现金的途径。"青年科学技术创新中心和一个研究所在同一家银行拥有账户，钱就是从一个账户转到另外一个账户上，青年科学技术创新中心再将钱从自己的账户上取走。"研究领域为俄罗斯精英的社会学家克里斯塔诺夫斯卡娅说。因此，"第一种形式的私有化就是现金的私有化"，这位社会学家说。

霍多尔科夫斯基将现金分发给周围的参与者：给自己的同事、自己的领导、工厂和研究所的高层，再按照一定百分比给一直庇护自己的团组织。他赢得了各方的感激。而这些工业界的领导之所以愿意同霍多尔科夫斯基合作，是因为他们知道："他们是在和当局合作，而不是和职业骗子合作。"

霍多尔科夫斯基的另一个过人之处在于，他将这些非现金信用积累起

来,并且找到了一些掌握着大量外汇的具有出口权的公司,将非现金信用兑换成外汇。他做这些事情的时候只有二十四五岁。

霍多尔科夫斯基成为寡头的最重要环节开始出现,野心勃勃的年轻人意欲

【俄罗斯经济】

经过尚未充分发育的资本主义工业革命,1917年十月革命以后,俄罗斯开始建设社会主义经济。在其初期,列宁领导实施了"新经济政策",在相当一部分经济领域允许资本主义的存在。

进入一直由国家垄断的银行业。这个学了一点法律的年轻人发现,已经颁布的《合作企业法》中有一个小条文,合作企业可以成立自己的银行。1998年底,霍多尔科夫斯基的银行正式注册为梅纳捷普银行。他的关系网再次发挥了作用,他找到帮过他忙的高温研究所的所长舍伊德林院士说,自己赚了很多钱,想要创办一家银行,但是担心当前的社会形势,需要找高层庇护者。舍伊德林后来回忆说:"听完他们的描述,我对他们说:'你们干得不错,孩子们,告诉我,怎么能够帮你们的忙,我很愿意。'"

"我们没有遭遇任何来自国家机关方面的障碍。"霍多尔科夫斯基后来这样说。梅纳捷普银行的广告开始出现在马路上、电视上。打开电视,人们可以看到一个朴素英俊的年轻人挥舞着手说:"我是米哈伊尔·霍多尔科夫斯基,为你们的未来担保,买梅纳捷普银行的股票吧!梅纳捷普是一家商业银行。""广告和股票运动是政

治保险单，是用来抵抗政府有可能的镇压措施。"《华盛顿邮报》莫斯科站记者戴维·霍夫曼这样解释。

梅纳捷普银行还成为了被政府批准和挑选出来作为政府将资金贷给企业的中介商业银行。大量的国家资金流入梅纳捷普银行，资金的时效性让霍多尔科夫斯基获得了不菲的利润。前苏联解体之前尝试推翻戈尔巴乔夫的失败政变中，两位高层官员尼古拉·克鲁齐纳和格奥吉尔·巴浦洛夫相继跳楼自杀。他们的自杀使国家上亿美元资金的流向成为谜团。而大家怀疑霍多尔科夫斯基的梅纳捷普银行曾经保管过这批资金，甚至是他利用自己同国外银行的联系帮助转移了这批资金，或者是他自己吞没了这笔资金。

真正让霍多尔科夫斯基大发其财的是后来的拍卖计划和贷换股计划。在丘拜斯的设计中，拍卖计划是为了给企业带来私有化凭证所不能给企业带来的注入资金，具体途径就是要求每个投标者在付给政府现金的同时，还要承诺未来对企业的投资额度。"但是，在俄罗斯动荡的市场

经济中,为一个未来的承诺而转让资产,给精明的商人们创造了发财机会。"《金融时报》的克里斯蒂娅·弗里兰评价说。

"梅纳捷普非常积极地参与了了这种投资拍卖,他们提出很高的投资承诺,然后他们以梅纳捷普银行的担保来支持这种种承诺,而到时候(在进行实际投资时)这些担保会消失。他们有一套完整的体系……这就是财产在我们国家被瓜分的形式。"另一位寡头、阿尔法集团的创始人弗里德曼这样说。

霍多尔科夫斯基得到尤科斯则是在贷换股计划中。贷换股计划是由另外一位寡头弗拉基米尔·波塔宁发明的,他想用它来得到垂涎已久的诺里尔斯克镍厂。这是他的奥涅克辛姆银行从前苏联银行体系崩溃后集成下来的客户之一。波塔宁想成为这家企业的所有者,但是他并不建议用低价格买企业,这太明显,而是承诺用一笔贷款来换取对企业的管理权。这就是贷换股计划的雏形。波塔宁和他的同盟者——众多的拥有银行的寡头们,先后说服了两位副总理索斯科维奇和丘拜斯。前者本身就是金融产业一体化的支持者,而后者希望借此给企业带来资金。这个计划"将成为一个经济寡头时代的开始",扎多诺伏,一位俄罗斯政治家在决定是否批准贷换股的内阁会议上说。尽管如此,在西方经济学家看来"很愚蠢"和"太过分"的激进计划仍然得到实施。

在1995年12月8日对尤科斯的拍卖中,尤科斯45%的股票以贷换股方式成

【俄罗斯经济】

　　帝国主义的战争威胁以及社会主义工业化的要求使苏联迅速开始了以电气化为核心的重工业建设。至20世纪30—40年代,国际形势日趋紧张,当时的苏联必须优先发展重工业基础和军事工业,从而自然而然地忽略了轻工、食品以至农业的发展。

交,33%通过拍卖成交。霍多尔科夫斯基付出的代价分别是1.59亿美元和1.5亿美元。他的竞争对手由三家银行组成,其中一家银行的首席执行官后来抱怨说:"霍多尔科夫斯基是在用尤科斯的钱来购买尤科斯……他们偷走了这家公司。"青年改革派经济学家、监督执行贷换股计划的阿尔弗雷德·科赫后来暗示说,霍多尔科夫斯基利用他在尤科斯的关系汇集资金购买尤科斯。尤科斯拍卖价的低廉也引起人们的争议:一个数字对比是,当时尤科斯的估值为7亿美元,而不到两年后,尤科斯在莫斯科证券交易所上市,市值为70亿美元。

拍得尤科斯的霍多尔科夫斯基真正成为了寡头,尽管后来小有挫折。在俄罗斯金融危机中,梅纳捷普银行面临倒闭,但是霍多尔科夫斯基也成功地将梅纳捷普的资产转移到了自己控制的其他金融机构,并且使法院无法获知梅纳捷普的完整财务状况——因为装有梅纳捷普所有财务文件的卡车莫名其妙坠落伏尔加河。同时,霍多尔科夫斯基通过秘密转移尤科斯资产和稀释股份等手段,最终把包括美国大亨肯尼斯·达特和几家债务银行从对尤科斯的部分股权控制中排挤出去。

霍多尔科夫斯基不但有了实现自己童年梦想的机会,还顺便将这些企业都变成了自己的资产。当然,每一次都会有霍多尔科夫斯基的

【俄罗斯经济】

苏联社会主义工业化的成就不仅使其在以后的卫国战争中得到重工业强有力的支持，而且表明，在经济相对落后的国家，计划经济可以调动国家有限的资源，集中力量建设有关国计民生的重大项目，并使之迅速发挥作用。由于重工业在相当长一段时期里代表着国家工业化的形象，也由于战争的乌云在战前、战后始终笼罩着苏联，所以社会主义计划经济以重工业发展为主就有了其历史必然性。

身影闪现，尽管不像别列佐夫斯基和古辛斯基那样角色鲜明。

2003年10月25日，俄特警在霍氏乘坐的专机上将其抓获并关进监狱。

弗拉基米尔·波塔宁

弗拉基米尔·波塔宁出生于1961年，是一位资深的苏联对外贸易官员的儿子，1983年他从莫斯科著名的国际关系学院毕业后，在外贸部工作。在所有寡头中，只有他是完全正宗的俄罗斯族人。

1989年他决定创办自己的生意：一个起始资本只有1万美元和几个雇员的英特罗斯外贸公司。很快他意识到，真正赚钱的是银行业。自1990年以来，他建立了一个由工业公司、银行和媒介组成的商业帝国，总资产一度相当于俄罗斯国内生产总值的近10%。

在波塔宁的奥涅克辛姆银行的创建中，原财政部部长费奥得罗夫、原对外经济贸易部部长达维多夫及其他部长在发放必需的批文和所要求的许可证方面给了波塔宁无可估量的帮助。

1995年，俄罗斯的非国有化改革进入新阶段：大型国企先进行股份制改造，再拍卖或招标出售股

份。波塔宁在此时被聘为政府顾问，担任总统办公厅主任丘拜斯的助手，协助设计改造和出售方案，负责起草了俄联邦私有化计划。

【俄罗斯经济】

　　忽视商品经济的要求，忽视市场的作用（包括居民消费品市场对轻工、食品的需求），忽视集约化经济等弊病是这种工业化道路的副产品，其负面作用相对于战后世界经济迅猛发展的形势而日益显著，俄罗斯经济走上变革也即成为历史必然。

　　在其他寡头的支持下，波塔宁设计出了著名的贷换股计划，即政府通过出让国有企业的股份给私人银行和金融机构以换取其急需的贷款。名义上，该计划是为解决政府的资金困难，而在操作上，如众多外部人士所诟病的，这项计划被叶利钦政府中握有权势的人所操纵，严重地低估了国有资产的价值。贷换股计划表面上以拍卖形式实施，然而并非所有有意竞拍者都能获得邀请。

　　正是在波塔宁自己所设计的方案和一手操纵中，他如愿以偿将诺里尔斯克镍矿公司收入囊中，除此之外还有俄罗斯第五大石油公司辛丹卡等一系列工业企业。在诺里尔斯克镍矿的拍卖中，波塔宁的联合银行被政府指定为主持者，波塔宁以1.701亿美元

（比起始价1.7亿美元仅高出10万美元）胜出，获得诺里尔斯克镍矿38%的优惠股和51%有表决权的股份，另一竞价者3.5亿美元的出价则被判为无效。与国际上的交易所对其40亿美元的价值评估相比，波塔宁付出的代价就像一场玩笑。

"这的确不好，"事后波塔宁在谈到此项拍卖时说，"拍出的价格太便宜了。但是让我们停止讨论它吧。这虽然不好，但至少解决了给它（诺里尔斯克镍矿）找一个更好的主人的问题。"

1996年，他参与支持叶利钦竞选连任总统。叶利钦竞选成功后，于当年8月签署命令，波塔宁被任命为负责经济改革事务的第一副总理，到达他个人的权力顶峰。波塔宁在就职后接受《消息报》记者采访时，称"国家也是一个大公司"，强调通过改善信贷货币政策刺激生产，通过有效管理加强税收和通过规范法律保护企业利益、促进市场交易合法化等措施，解决国家面临的经济困难。后来出于平衡各派政治势力的考虑，叶利钦总统在事隔半年后的1997年，对政府进行改组，波塔宁被解职。在任的一年中，他被指责以权谋私。其中之一是他颁布了一项针对性的减税政策，使诺里尔斯克镍矿公司省去了巨额税款。

波塔宁似乎从一开始就对在政府中任职没多大兴趣，这从他上任之初的表态中可以得到证明。真正能够施展才华的地方还是他熟悉的金融领域。4年之内，联合银行以令人眼花缭乱的速度膨胀起来。至1997年，其资产已达37亿美元。他的胃口很大，继成功取得世界上最大的镍生产加工企业——诺里尔斯克镍业公司控股权后，又在国际金融投机家索罗斯的支持下，出资18亿美元，击败

【俄罗斯经济】

国民经济发展在大尺度的地理空间上总会有比较明显的地理轨迹。俄罗斯在地理位置上邻近西欧，在经济发展的时间进程上晚于西欧，加之邻近西欧的西部地区在自然条件上优于东部且有比较丰富的工业资源，所以其近现代经济是以西部地区为起源，并形成了现今经济分布的东西地带格局。

【俄罗斯经济】

工业革命以前,俄罗斯的农业经济就以西部为重心。西欧近代先进的教育、科技和社会发展思想最早通过俄罗斯上层社会(皇室、贵族、知识分子等)首先在莫斯科、圣彼得堡等上流人士集中的地区得以传播。社会变革的尝试也在西部大城市出现。

其他竞争者,购入俄罗斯电信投资公司25%的股份。英国石油也投资5.71亿美元收购了辛丹卡石油10%的股份。与此同时,波塔宁还从西方银行和欧洲债券设法贷到6亿美元用于收购国企。尽管以西方标准衡量尚嫌小,联合银行此时已是俄罗斯最大最有权势的私人银行之一。

1998年4月,波塔宁大肆铺张地庆祝联合银行成立5周年。巨大的广告牌遍布莫斯科街头,联合银行在广告上化身为众神之王宙斯,宣称它将"像自然一样亘古不朽",最终成为全世界最大的银行。

不久俄罗斯便爆发了经济危机,卢布大幅贬值,大量持有政府短期债券的银行纷纷倒闭。在随后不到一年的时间里,波塔宁的帝国坍塌了。到1999年初,联合银行已负债20亿美元,净资产几乎为零。2月,它拒付欧洲债券2.5亿美元的借款。从1997年的巅峰时期至此时,波塔宁控制的三家大型企业——诺里尔斯克镍矿、联合银行石油和Svyazinvest电信的市值已从310亿美元狂跌至38亿美元。索罗斯在其所著的《全球资本主义的危机》一书中公开承认,

持股Svyazinvest是他投资生涯中"最失败的投资",此时他和波塔宁共同持有的该公司25%股份大约值50万美元。联合银行石油被多家债主向法庭提请破产,最终在2001年转手给了另一个寡头弗里德曼所控制的TNK石油公司。

2000年上台的普京誓言要"将寡头作为一个阶层消灭",同样是在叶利钦政权下发迹的波塔宁行事开始处处小心谨慎,尽管他并没有公然表露政治野心。就在媒体大亨古辛斯基被逮捕后不久,俄罗斯检察机关就对诺里尔斯克镍矿的私有化过程提出了质疑,质疑的要害正是价值被低估,拍卖被操纵。作为回应,波塔宁一面辩称交易并无违法之处,一面迅速追加了1.4亿美元,作为补偿对该公司价值的低估,并借此表明自己的合作态度。

在政治上,他不与普京公然作对,反以颇为合作的态度招架对其财产来源问题的攻击,并委婉地承认普京对寡头进行打击的合理性。"普京在政治和生意之间划了一条

边界,而我绝对不会越界。"2003年,波塔宁公开表态说。

　　为了响应普京提出的对社会多做贡献的号召,波塔宁成立了慈善基金会,每年至少拿出100万美元救助孤儿和设立奖学金。目前为止,弗拉基米尔·波塔宁慈善基金会已资助了100所学校和超过1500名学生。而在他的诺里尔斯克镍矿矿区,波塔宁也不吝钱财地兴建社会福

【俄罗斯经济】

　　19世纪中叶,俄罗斯农奴制的松动开始出现于当时邻近欧洲市场的西南、南方地区。随之后来的废除农奴制,一方面首先使中央黑土区的商品性农业得以迅速发展,大批农业劳动力进入西部城市工商业;另一方面在波罗的海沿岸、在莫斯科形成了制造业,在南方形成了近代重工业。

利和环保工程。2000年,他投入166亿卢布用于修建各类公共服务机构和设施。在他的手中,诺里尔斯克的生活水平达到60年以来的最高水平。

　　后寡头时代的波塔宁依靠自己在商业和政治上的双重才能顽强地存活了下来。联合银行垮掉之后,他将诺里尔斯克镍矿公司及其他有价值的资产装入英特罗斯控股公司和几家离岸公司以渡过难关,并乐观地等待情况好转。在经济危机最严重的时候,

为了鼓舞士气，兴致饱满的波塔宁甚至还邀请了100位朋友到法国滑雪度假，大肆狂欢。

随着俄罗斯经济在普京治理下的复苏，波塔宁的英特罗斯也开始重振。在2001年按销售额排名的俄罗斯五大私营企业中，英特罗斯以年销售40亿美元的规模排名第四。2003年，诺里尔斯克镍矿公司则完成了52亿美元运营收入和8.6亿美元利润。在《福布斯》杂志2003年俄罗斯富豪排行榜中，波塔宁以54亿美元的身价名列第四。在2004年《福布斯》全球富豪排行榜上显示，他的个人净资产为49亿美元，排行第八十五位。

和阿布拉莫维奇相似，波塔宁开始在西方世界寻找自己的容身之地。在接连传出他对英超球队阿森纳和曼城队的收购意向消息的同时，波塔宁还在试图打进艺术品收藏界这一上流权贵们的小圈子。2002年，波塔宁从已经倒闭的Inkombank银行手中以100万美元买下了俄罗斯至上主义艺术家马列维奇的著名作品《黑方》，将其捐赠给俄罗斯文化部，创下了俄罗斯艺术品国内拍卖的最高价格。

波塔宁还是继古辛斯基之后的俄传媒大王，他拥有《消息报》、《共青团真理报》等多家报纸的股份。依靠金融业起家的这位俄罗斯富翁自1990年以来建立了一个由工业公司、银行和媒介组成的商业帝国，年收入超过160亿美元，总资产达380亿美元。

【俄罗斯经济】

近代工业对农业原料的需求又使商品性农业向伏尔加河流域和中亚地区发展。19世纪末期沙皇政府迫使200万俄罗斯破产农民向东部(最远至远东)迁移，再使商品性农业进一步东移。

古辛斯基

古辛斯基1952年10月6日生于莫斯科。中学毕业后，进入其母所在的莫斯科古布金石油天然气学院学习，二年级时因成绩不及格被开除。后来，他当过兵,又返校读过书,仍未能毕业。1975年他入读国家戏剧艺术学院导演系,并于1981年毕业。

20世纪80年代末90年代初,古辛斯基逐渐进入商界,主要经营领域在俄罗斯媒介,创办了俄美合资企业——桥。在这家企业基础上,他又于1991年成立股份商业银行——桥银行,并任董事长。

桥集团还从事建筑材料生产和房地产业务,20世纪90年代初,这些业务日进斗金。1992年,古辛斯基将桥公司改组成股份集团,开始把经营目标转向了媒体,创建了桥媒体集团。他认为,自己出身普通,要想具有社会号召力,首先是应该建立一个强大的媒体帝国,从根本上控制俄罗斯的舆论导向,实现"不当总统照样可以左右政府"的政治抱负。

1993年,他又盯上了传媒业,出资在俄罗斯独立电视台开辟新频道,后来又购买该电视台77%的股份。随后,

他又控制了《今日报》和《七日》周刊,收购了著名的"莫斯科之声"电台,并与美国人合办《总结》周刊。到了20世纪90年代中期,古辛斯基成了传媒大亨,个人财产高达4亿美元。

1996年,他出资成立俄罗斯犹太人代表大会,并任会议主席。同年,他与包括别列佐夫斯基和波塔宁在内的其他商业巨头一起出钱资助叶利钦竞选连任总统。1997年,古辛斯基利用国营天然气工业公司对电视公司的资金支持,迅速扩充了桥媒体集团的实力,并进一步组建和兼并了多家媒体企业。他试图全面掌握舆论工具,直接对政权机构施加影响,实现在政治家背后操纵国家的梦想。古辛斯基在1997年下半年至1998年初曾掀起一场传媒大战。在这场大战中,古辛斯基希望借助西方投资,在俄罗斯建立一个实力强大的现代化通信和电视联络技术公司,他拒绝俄政府出面调停,和其他寡头展开不择手段的竞争。

> **【俄罗斯经济】**
>
> 苏联社会主义工业初期实施的"全俄电气化计划",首先立足于西部燃料动力资源的开发,以其为基地建设西部电力网和工业区。

古辛斯基随后犯下的一个重大错误是干扰叶利钦的政治遗嘱。1998年的经济危机和此后的一系列政治危机,促使叶利钦急于寻找接班人。在别列佐夫斯基的极力推荐下,叶利钦将继任者的目标圈定在时任总理的普京身上。

为了扶植自己的代表普利马科夫竞选下届俄罗斯总

统，由古辛斯基资助的议会力量——中派主义"祖国运动"党在1999年夏季迅速崛起，大有与普京争雄、问鼎总统职位的劲头。叶利钦在事后回忆说："正是因为寡头间'没有规则'的残酷斗争，导致了1998年的经济危机和三次最严重的政府危机。这些危机不仅使俄罗斯经济进一步衰败，甚至还破坏了整个社会制度的稳定性。"

随着普京在民众中的声望日高，古辛斯基重操手中的舆论工具，对普京在车臣发动围剿非法武装的行动进行丑化，在俄罗斯掀起一场反战浪潮。独立电视台对第二次车臣战争进行全程跟踪报道，不断地直播那血淋淋的作战场面，挑起民众对政府产生不满情绪。

2000年6月12日，在普京出访西班牙期间，俄联邦总检察院对古辛斯基突然采取行动，以涉嫌侵吞巨额国家资财为由，宣布将他拘留10天。2000年6月16日，为了缓和各方面的压力，普京在古辛斯基被关押4天之后暗示总检察院放人。随后，俄罗斯总检察院对古辛斯基侵吞和诈骗巨额国家财产进行了正式指控。11月13日，俄总检察院采取进一步行动，正式指控古辛斯基非法获取3亿美元贷款和50亿卢布（当时汇率：1美元=27卢布）借款。但作为被告的古辛斯基却未在指定时间出庭。俄总检察院只得于次日宣布在全国范围内通缉古辛斯基。总检察院于12月4日发布了红色国际通缉令，要求各国刑警组织协助将其缉拿归案。12月12日，古辛斯基在西班牙的家中被捕。

2000年12月15日，古辛斯基被西班牙国际刑警组织押解到马德里，接受西班牙法庭审讯。三个月之后，西班牙法庭宣布说，一直在马德里狱中等待引渡回

【俄罗斯经济】

30年代，西部工业化的进展、苏联建设能力的增强以及建设战略后方的要求使大规模的工业开发移往乌拉尔—库兹巴斯地区。乌拉尔—库兹巴斯工业基地的形成标志着苏联生产力的大步东移。

国的古辛斯基可以取保候审。古辛斯基在交纳550万美元保释金后获得释放,返回其位于安达卢西亚的别墅中居住。2001年4月18日,西班牙国家法院裁定古辛斯基无罪,并拒绝将古辛斯基引渡给俄罗斯。由于古辛斯基拥有俄罗斯和以色列双重国籍,他获释后随即前往以色列居住。

罗曼·阿布拉莫维奇

罗曼·阿布拉莫维奇,39岁。2004年以106亿美元资产列《福布斯》全球富豪榜第二十五位,2005年以133亿美元列第二十一位,有过两次婚姻,有6个孩子。

罗曼·阿布拉莫维奇1966年出生在莫斯科东南800公里的萨拉托夫。他父亲是犹太人,母亲来自乌克兰。阿布拉莫维奇的母亲在他第一个生日前一天死于流产,死时只有28岁。18个月后,他的父亲被起重机轧死。这之后,阿布拉莫维奇由伯父抚养成人,收养了阿布拉莫维奇的伯父是当地一家大企业的供应处处长,有两个女儿,但没有儿子,这样阿布拉莫维奇就成为阿布拉莫维奇家族唯一的男性继承人。

当他只有9岁时,就开始策划自己的人生,他曾经对周围的人说过:"我的一生绝对不会在这个默默无闻的小地方虚度。"14岁时,他实现了自己的愿望,离开那个小地方,被派送到首都莫斯科求学。这个原本平凡的孤儿自此开始走向传奇。早年生活在混乱的俄国的阿布拉莫维奇曾经大胆地走私过香烟和香水，而在当时，如果被抓住，会面临至少五年的有期徒刑。他的前妻说："罗曼天生就知道如何赚钱，他能够在当时苏联那种条件下赚钱，那么，他在世界上任何一个国家都能发财。"阿布拉莫维奇在17岁的时候，没有实现进大学的理想，而是被迫服兵役，参军当了一名

卡车司机。在服役期间，尽管他严格要求自己，但并没有获得晋升的机会。不过他仍积极投入军营生活，两年后当他退伍时，已结交了不少朋友，其中就包括后来的前俄罗斯第一首富——列别佐夫斯基。

20岁的时候阿布拉莫维奇从部队退役回到乌克塔城，进入这个城市的工业学院，后毕业于莫斯科古布金石油天然气学院。戈尔巴乔夫推行改革之后，苏联允许建立私人企业，雄心勃勃的阿布拉莫维奇抓住机会，在1987年建立了一家生产塑料玩具的小公司，靠在莫斯科自由市场上兜售自己的产品，倒卖进口香烟香水以及二手车轮胎，阿布拉莫维奇完成了资本的原始积累。

阿布拉莫维奇的人生转折发生在他29岁的时候，依靠着在军队期间和俄罗斯前第一首富别列佐夫斯基的特殊关系，他成为了当时俄罗斯总

统叶利钦的座上客,关系十分密切。1991年前苏联解体,私有化运动随之而来。阿布拉莫维奇利用手头积累的资金,从叶利钦政府手中大量收购拍卖的国有资产,包括以不到实际价值8%的价格买下西伯利亚石油公司。凭借出色的谈判技巧和高超的经营手段,阿布拉莫维奇成为鄂木斯克炼油厂产品的主要经销商之一,并相继控制了俄第五大石油公司——西伯利亚石油公司80%的股权、俄罗斯铝业公司的一半股份、俄罗斯国际航空公司26%的股份以及俄国际影视公司25%的股份。他还买下了世界上第二大铝生产厂——鲁斯阿尔近一半的股份,同时他的势力迅速向电力、汽车、化工、制药等领域扩张,俄每个工业部门都与他的帝国有或多或少的联系。

像同一时期出现的众多红顶商人一样,阿布拉莫维奇在前苏联的解体过程中,成为了受益者,他的财富迅速扩张。暴富后的他同叶利钦等国家高层领导的关系更加密切,据说叶利钦家族一些"特殊开销"都经过阿布拉莫维奇等人的公司实现财务上的运作。1998年,有人指责阿布拉莫维奇为叶利钦的女儿在德国购买了房产和快艇。阿布拉莫维奇承认自己是叶利钦女儿的朋友,但否认自己是叶利钦家族"提款机"的说法。

普京上台后,俄罗斯寡头们的日子越来越不好过,阿布拉莫维奇却迅速实现角色转换,以国家承包人身份,从别列佐夫斯基手中买下了俄罗斯公共电视台的股份,再将其转卖给政府。不仅如此,他还投身政治,先是成为来自楚科奇民族自治区的国家杜马议员,后来又凭借雄厚的财力和影响,当选该自

【俄罗斯经济】
战后世界性石油经济的发展与苏联伏尔加—乌拉尔油田、秋明油田和中亚油气区的相继开发拉开了又一次开发东部的序幕。

治区行政长官。

2002年阿布拉莫维奇将西伯利亚石油公司股份出售给尤科斯石油公司,套现30亿美元,后来又卖掉其在俄罗斯铝业公司的股份,获利30亿美元。有了大量现金后,他开始想离开俄罗斯。

在普京打击寡头的斗争中,他的角色一直很模糊,甚至可以说是充当了老一代寡头和政府的中间人。当年西伯利亚公司的创始人别列佐夫斯基和普京闹僵之后,被迫将其在一个国家电视台的股权转给他的时候,他却立即将这股权转给政府,以帮助政府控制媒体舆论。有报道甚至说他很可能是"克里姆林宫那只看不见的手"。

2003年3月3日,俄罗斯税务部指责阿布拉莫维奇名下的石油公司偷逃税款10亿美元,他及时地赶回了莫斯科。有媒体猜测普京要动手了,结果他仍然没事。2003年10月,当俄罗斯第一大石油公司尤科斯石油公司的最大股东霍多尔科夫斯基被俄政府拘押后,阿布拉莫维奇也曾回了一趟俄罗斯,和总统普京进行了一次会面。然后就出现了政府通过仲裁法庭强行撤销了尤科斯和西伯利亚两大石油公司的合并,使阿布拉莫维奇净赚了30亿美元的"合并费用"。有了这么大的一个便宜,那10亿美元的税款,阿布拉莫维奇肯定会交的。身为寡头的他相当清楚政治和经济之间的游戏规则,保得住的利益才是利益。

杰里帕斯卡

东部的煤炭、水力、有色金属资源开发又使新一条交通动脉——"贝阿铁路"的建设于70年代开始。与此同时，沿西伯利亚铁路的许多城镇成为苏联冶金、机械和军事工业的中心。

莫斯科共青团《真理报》2007年2月12日以头条新闻报道："今年39岁的杰里帕斯卡以2亿美元资产之差赢过阿布拉莫维奇坐上俄罗斯首富宝座。"

俄罗斯前总统叶利钦的外孙女婿、俄罗斯铝业公司老板杰里帕斯卡拜国际铝价高涨之赐，资产已达212亿美元，一跃超过了前首富阿布拉莫维奇，成为俄罗斯新首富。

尽管出身普通，但杰里帕斯卡还是考进了莫斯科大学理论物理系，这几乎是俄罗斯最好的大学和最好的专业。1986年，杰里帕斯卡读完大学一年级，正赶上征召全日制大学生入伍的"新政策"，他被"发配"至后贝加尔军区的一个导弹部队服役。

杰里帕斯卡的早期发家史是个谜，人们只知道他的发迹是从1994年开始的。当时年仅26岁的他成为西伯利亚地区萨彦诺戈尔斯克铝厂的厂长。之后他与两个合伙人成立了西伯利亚铝业公司。1998年，杰里帕斯卡获得公司绝对控股权。2000年，西伯利亚铝业公司与后来的俄罗斯首富罗曼·阿布拉莫维奇控制的两家铝厂合并，建立了俄罗斯铝业公司，二人股份各半。

此后不久，杰里帕斯卡成立了独资"基本元素"投资公司，成为俄罗斯铝业公司的控股公司。"基本元素"的业务开始向铝业以外发展，重点投资机械制造业、能源、金融业，特别是汽车工业。到2001年，杰里帕斯卡已经收购了俄罗斯大部分汽车厂，中国人耳熟能详的嘎斯汽车、伏尔加汽车，现在都是杰里帕斯卡旗下的品牌。

由于阿布拉莫维奇的投资方

【俄罗斯经济】

到80年代中期，在今天的俄罗斯境内，其西部形成了西北、中央、伏尔加河流域和乌拉尔四大工业区，中央黑土、伏尔加—维雅特卡、北高加索、乌拉尔南部四大农业区；其东部，以西伯利亚铁路和"贝阿铁路"为轴，形成呈点状分布的秋明、库兹巴斯、坎斯克—阿钦斯克、安加拉—叶尼塞河地区、南雅库特等燃料动力、冶金工业综合体，和新西伯利亚、伊尔库次克、哈巴罗夫斯克、共青城等工业中心城市。这个格局至今未改变，今后相当长一段时期内也不会有大的变化。

向发生变化，从2003年10月到2004年10月，他将自己持有的俄罗斯铝业公司股份分两次出售给杰里帕斯卡。此后，俄罗斯铝业成为杰里帕斯卡一个人的天下。

【俄罗斯经济】

自1929年工业产值的比重首次超过农业以后，工业一直是苏联和俄罗斯最大经济部门。只是到了1994年以后，俄罗斯经济滑坡，工业生产连年下降，才使其产值比重落后于服务业。

在铝业市场的激烈竞争中，杰里帕斯卡成为最后的胜者，成为全球最大的铝供应商之一。在总结成功经验时，杰里帕斯卡认为，把工厂设在边远的西伯利亚是他的一大优势。西伯利亚地区电力极为丰富，而且由于位置偏远，西伯利亚的电力无法输送到发达地区，只能以非常便宜的价格供给铝厂。西伯利亚南部这家炼铝厂不久将投产，这是苏联解体以来俄罗斯即将投产的第一家炼铝厂。该公司还计划在靠近西伯利亚地区建设一家新炼铝厂，年产量可能高达60万吨。

俄铝还在与俄罗斯原子能机构商谈合作，以帮助在俄罗斯远东地区新建一家核电站。该公司将在附近建立一家炼铝厂，并从俄罗斯东部的一处港口向亚洲客户出口铝。

拥有210亿美元财产的阿布拉莫维奇，连任俄罗斯首富多年。但是，这次他却被旧日生意伙伴杰里帕斯卡取而代之。

对杰里帕斯卡来说，2006年是丰收的一年，铝价狂涨让他身价倍增，他2005年拥有的资产总值超过140亿美元，当时他实际上应该是仅次于阿布拉莫维奇的第二大富翁。

杰里帕斯卡的身世和发展史与阿布拉莫维奇有着很多相同之处：同样是从小父母双亡，也是年轻得志，而两个人的年龄也几乎相差无几。所不同的是，杰里帕斯卡有一个重要的政治经济资源，他妻子的外公是俄罗斯首任总统叶利钦。

2001年2月，杰里帕斯卡娶了尤马舍娜，她是前总统办公厅主任尤马舍夫与前妻的女儿，而尤马舍夫后来与叶利钦的爱女塔季扬娜结婚,杰里帕斯卡顺理成章成了叶利钦家族中的一员。

隐性寡头之普加乔夫

俄罗斯国际工业银行总裁谢尔盖·普加乔夫同别列佐夫斯基等寡头不同,他在俄罗斯公众中几乎毫无声息,完全可以称得上是一位"隐身巨头"。据官方的统计,普加乔夫的银行是俄罗斯最大的银行之一。但是就连俄罗斯最有影响的商界巨头都不清楚,此君究竟是凭什么赚了那么多的钱。普加乔夫平时大部分时间都住在国外,很少回国,是一个很神秘的人物。

但在最近5年里,普加乔夫早已成为俄罗斯许多高官和政界人物信任的银行家。俄罗斯前总统事务局局长博罗金、前总统叶利钦的新闻秘书尤马舍夫、俄巴斯基尔共和国总统拉希莫夫、俄东正教大牧首阿列克谢二世等人都是他的朋友。

【俄罗斯经济】

在工业部门结构中，30年代以前轻工业比重大于重工业，以后则重工业地位一直攀升，到80年代中期已占工业总产值的70％以上。机械工业始终是工业中最大的工业部门，发展速度也最快，这不仅是因为其行业繁多，也是因为它代表着国民经济的技术水平并包含着俄罗斯发达的军事工业（产值约占工业总产值的15％）。

普加乔夫毕业于列宁格勒国立大学。他的事业是在20世纪90年代中期进入博罗金的圈子之后开始发达起来的。当时博罗金手下有一个很著名的"迈克罗金"公司。但时任该公司经理的叶法罗夫没有能够把握住自己的"幸福前程"。而名不见经传的国际工业银行总裁普加乔夫成功地将叶法罗夫击败，并将他从博罗金身边赶走。很快，"迈克罗金"公司不复存在。与此相反，普加乔夫的银行却蒸蒸日上。

在博罗金的鼎立帮助下，国际工业银行被列入俄罗斯同国际金融组织合作机构的名单中。俄罗斯许多大财团和大公司都纷纷在国际工业银行开设账户，而普加乔夫很快就成了当时克里姆林宫的许多权势人物的"自己人"。他是当时叶利钦新闻秘书尤马舍夫经常接待的商界巨头之一，并经常帮助叶利钦一家处理一些商

业上的事务。叶利钦的两个女儿后来引发丑闻的信用卡就是国际工业银行发放的。

普加乔夫同普京总统关系密切。关于普京同普加乔夫的交往有许多传说，并被蒙上了一层神秘的色彩。但有一点可以肯定，他们之间的交往是从普京担任总统事务管理局副局长的时候开始密切起来的。当时普京负责俄罗斯在境外的国有资产事务。这方面的工作同国际工业银行在国外的业务有直接的联系。很有可能，当时普加乔夫同普京的得力助手伊戈里·谢钦建立了很好的合作关系。

有一些传说认为，普京同普加乔夫的交往变得密切起来，是宗教因素起了很大的作用。据说，在普京被任命为总理不久，他的父亲去世了。普加乔夫前往参加了普京父亲的葬礼，他还带来了一位地位很高的教会神职人员，这使普京很感动。

无论以前普京同普加乔夫是如何结识和交往的，现在普加乔夫已经是同普京交往最为亲密的俄罗斯商界巨头之一。据《莫斯科共青团员报》报道，关于普京和普加乔夫的许多消息来源均证实，普加乔夫可以自由进入克里姆林宫面见总统。一些俄罗斯人认为，普加乔夫只是普京同俄罗斯金融和商界寡头联系的桥梁，普加乔夫不可能参与政治

事务。

但是,据一些知情者透露,普加乔夫"有时候"还是要向普京就一些政治问题提出建议。比如,在2000年政府强力部门开会讨论逮捕古辛斯基的问题时,普加乔夫非正式地参加了这次会议。普加乔夫还同普京任命乌斯季诺夫担任俄总检察长有关。

隐性寡头之弗拉基米尔·科甘

现年38岁的弗拉基米尔·科甘,是一位在圣彼得堡发迹的银行家。科甘毕业于圣彼得堡工程建筑学院。他是白手起家干出来的俄罗斯新贵。最初他是靠从波罗的海沿岸国家倒货到圣彼得堡赚钱,慢慢地生意越做越大,后来开了一家专门销售电子产品的公司……再后来,他靠大量买进圣彼得堡工业建设银行的股票,进而成为最大股东。如今,圣彼得堡工业建设银行已经是圣彼得堡最大的银行之一。

科甘的成功不仅仅是因为他拥有经商的天赋,更重要的是他善于同圣彼得堡市的政界人士打交道。他在圣彼得堡以及列宁格勒州政界人士中的朋友可以开出一个长长的名单。在索布恰克担任圣彼得堡市市长期间,科甘的银行成了圣彼得堡市市政府关系最密切的贷款机构。该市财政拨款部门大都在科甘的银行开设了账户,自然科甘成为了圣彼得堡市政府领导的好朋友。他同当时担任圣彼得堡市第一副市长的普京的关系也非同一般。据说在普京调到莫斯科工作之

【俄罗斯经济】

轻工食品业产值合计可占工业产值的1/3,列工业各部门第二三位,但发展速度一直慢于其他部门。属于基础工业的能源,冶金和化工,由于资源基础雄厚,生产规模大,又作为俄罗斯工业化的保障部门,所以一直占有比较重要的地位。

后，两人仍然保持着良好的关系。这也不奇怪，普京家的存款就存在了科甘的银行里。

当然，同以前相比，现在科甘同普京的接触少多了。但是，对科甘来说，普京办公室的门还是对他敞开的。另外，普京的许多助手都来自圣彼得堡，因此很多事情不用找普京，科甘就可以达到自己的目的。科甘同政府副总理兼财政部长库得林、政府负责国防工业事务的副总理克列巴诺夫关系都很好。

【俄罗斯经济】

冶金、矿山等重型机械、铸锻件、金属构件、铁路车辆、大型锅炉、履带拖拉机等生产企业主要分布于钢铁工业区，如乌拉尔、西伯利亚南部库兹巴斯和中央区。为其他工业提供设备的重型机械工业则大多分布于综合性工业中心城市，如圣彼得堡、莫斯科、叶卡捷琳堡、新西伯利亚等。

由于同联邦政府关系密切，科甘现在正积极努力，企图控制俄罗斯一些效益非常好的军工企业。科甘希望控制俄罗斯著名的生产"S-300"防空导弹系统的军工企业，并筹划建立由俄罗斯最著名的两家飞机制造企业——"米格"和"苏霍伊"组成大型联合企业。

第三节　财富名人榜——阿布拉莫维奇

　　1966年10月24日，阿布拉莫维奇出生在伏尔加河畔的萨拉托夫。父亲是犹太人，母亲来自乌克兰。阿布拉莫维奇的母亲在他第一个生日前一天死于流产，死时只有28岁。18个月后，他的父亲被起重机轧死。这之后，阿布拉莫维奇由伯父抚养成人，收养阿布拉莫维奇的伯父是当地一家大企业的供应处处长，有两个女儿，但没有儿子，阿布拉莫维奇成为家族唯一的男性继承人。

　　1986年，20岁的阿布拉莫维奇从部队退役回到乌克塔城，进入这个城市的工业学院，后毕业于莫斯科古布金石油天然气学院。戈尔巴乔夫推行改革之后，苏联允许建立私人企业，雄心勃勃的阿布拉莫维奇抓住机会，在1987年建立了一家生产塑料玩具的小公司。靠在莫斯科自由市场上兜售自己的产品，倒卖进口香烟香水以及二手车轮胎，阿布拉莫维奇完成了资本的原始积累。

　　1991年苏联解体，私有化运动随之而来。阿布拉莫维奇利用手头积累的资金，从叶利钦政府手中大量收购国有资产，包括以不到实际价值8%的价格买下西伯利亚石油公司。凭借出色的谈判技巧和高超的经营手段，阿布拉莫维奇成为鄂木斯克炼油厂产品的主要经销商之一，并相继控制了俄第五大石油公司——西伯利亚石油公司80%的股权、俄罗斯铝业公司的一半股份、俄罗斯国际航空公司26%的股份以及俄国际影视公司25%的股份。他还买下了世界上第二大铝生产厂——鲁斯阿尔近一半的股份，同时他的势力迅速向电力、汽车、化工、制药等领域扩张，俄每个工业部门都与他的帝国有或多或少的联系。

2003年夏天，阿布拉莫维奇出手1.5亿英镑购买了债台高筑的英格兰切尔西足球俱乐部，并一次性还清球队所欠的8000万英镑债务。

购买切尔西球队后，面对记者的纠缠，阿布拉莫维奇的发言人约翰·曼打趣道：阿布拉莫维奇先生仔细考虑了一下，决定暂时不购买FIFA。

阿布拉莫维奇的朋友、经济学家柳金科预测到美金要贬值，劝说他购买一些不动产，于是他购买了俄罗斯联赛的冠军球队莫斯科中央陆军队，柳金科问道，难道一支足球队算是不动产吗？他答道，这支球队以后一直都会是第一，当然算是不动产了。

阿布拉莫维奇的私人医生打电话给他：看来你对我的建议理解的不是很明白，我劝你多从事日常体育锻炼，可是购买球队这种事情根本不能算是一种日常体育运动。

第三章　探索财富的轨迹

银行家占据着资本主义体系的驾驶舱。银行家处在一个容易了解一切、看到一切和听到一切的有利位置。

——1900 年前后美国经济的描述,《攫财大亨》,1934 年

应该对刑法加以修订,经理不向所有持股人公开财务状况将被认定为犯罪。

——俄罗斯联邦安全委员会,1999 年

抓住机会，以迂求直就可以从无到有，以小鱼钓大鱼。

在市场竞争中，没有大钱的普通人想挣钱难免受到各种因素的制约，常常是欲速则不达，心急吃不了热豆腐。因而，有些胸怀大略的投资者，为了实现其目的，以迂求直、以小鱼钓大鱼，这是他们惯用的策略。

不论是谁，赚钱的道路总是坎坷曲折的，在市场竞争中，有些企业经营者由于受资金、设备、人才、技术等客观条件的限制，目的不可能一下子就达到。起先没本钱没关系，可以先用别人的钱建立起信誉，大获成功。赚钱如同做人，其道路直中有曲，曲中有直，欲走直径，但往往走入了绝境，而艰苦探索出来的道路，有时却能比直径更能率先到达终点。这也说明谋求创富，确实需要在市场实战中采用迂回战术，寻找战机，以迂求直，迂回发展。

第一节　深析财富之源

银行家占据着资本主义体系的驾驶舱。银行家处在一个容易了解一切、看到一切和听到一切的有利位置。

——1900年前后美国经济的描述，《攫财大亨》，1934年

应该对刑法加以修订，经理不向所有持股人公开财务状况将被认定为犯罪。

——俄罗斯联邦安全委员会，1999年

我的确签订了为外国公司工作的合同，但是我们合同的收益尚不足以支付雇员的工资，大部分的钱缴了税。鉴于这种情况，我就在塞浦路斯设立了自己的公司——一个空壳公司，来处理财务问题。我们确信每个雇员都有信用卡。根据合同接受我们劳务的外国公司向我们在塞浦路斯的公司付款，我们采取让该公司向每个雇员的信用卡账户上存钱的方式向雇员发放

工资。在俄罗斯,我们的公司拿到的钱仅够应付日常花销。

这份来自圣彼得堡的一家应用研究所所长的报告表明,科学家们正尝试着重复十多年来广为人知的俄罗斯自然资源出口企业所新创的海外支付诡计。尽管有时令人讨厌,有时也很危险,但是逃税在俄罗斯商务活动中已根深蒂固。政府在可预见的将来通过税收重新从俄罗斯的收入中获得自己公平份额的希望很渺茫。

税收减少明显地妨碍了经济改革的进程,这一改革要求政府有资金做自己的工作。逃税行为是不能宽恕的,然而,在全民逃税的情况下,怎能指望科学家独善其身呢?在此情况下,当然还有其他的偷漏税方法,参与者事实上认为他们在遵守着模糊不清的俄罗斯法律。

该所长得知,任何一位研发管理者的首要任务就是保证自己有一个管理计划。这就意味着有了保证其职员开展工作的收入来源,对于圣彼得堡研究所来说,国外机构是仅有的收入来源。节俭使用好国外机构所乐意支付的每一个美元是所长的首要任务。他将面临重要的抉择:如何分配那块仅够养活1/5职员的资金馅饼。他的做法是奖励那些按国外合同工作并有信用卡的员工,同时将收入的一小部分在其他雇员之间分配。他声称,他及他的高层管理人员没有拿额外的报酬。

试图将技术商业化的俄罗斯机构通常是通过多种渠道得到零星的收入。总的来看,最大的部分来源于联邦政府,然而,政府对研发的支持在过去十年中降低到了原来的1/20,

【俄罗斯经济】

仪表、机床、动力设备、电子、家用电器等主要分布在工业基础好,拥有大量技术力量和熟练工人,交通方便,市场需求量大,生产技术协作条件好的工业中心城市。以圣彼得堡为中心的西北地区,以莫斯科为中心的中央地区,以下诺夫哥罗德为中心的伏尔加河中上游地区和以新西伯利亚为中心的西西伯利亚南部区是集中分布区。

同时,以前逐年逐月发放的工资也被间断了五年。

传统上由政府支持的研发机构的研究人员的部分收入从1999年开始按时发放。虽然,并不是所有的研究人员都能按时领到工资,但是起码绝大多数暂时可以领到,这要归功于前总理叶夫根尼·普里马科夫的个人影响。在1998年8月的金融危机后,普里马科夫坚持让各类依赖政府基金的雇员工资有保障,尽管工资的数额不大。正如我们所看到的,1998年卢布贬值后,一些公司找到了为其现代科技成果支付现金的买主。

除了简单地将财政资源根据雇员人数分配给国有机构外,政府还设立几项特殊基金用以支持技术创新活动。来自这些基金的钱有好几种分配方式:按照习惯、按照人际关系,还有时按照基金竞争的能力。但是分配总是低水平进行的。

研发界大部分人的梦想是能成功地从国外获得资助或合同,然后,创新者就可以一年一年地,而不再是一月

【俄罗斯经济】

　　滚珠轴承、工具制造部门主要分布于优质钢产地（如乌拉尔），或接近优质钢产地的机械工业中心（如莫斯科、圣彼得堡），以及优质钢与主要机械工业中心之间的地区（如伏尔加河流域地区）。

一月地算计着过日子了，其收入就能从每月50美元增加到每月100美元，甚至500美元。尽管他们希望参与某种水平的创新活动，但对自己能从事什么样的工作并不是特别在意，他们可以像圣彼得堡研究所的研究人员那样，为了出口而对战斗机加以改造，提供设计图纸以提高俄罗斯核电站的安全性，或者开发更强有力的塑料。

　　实际上，很少能有这种挑战性的工作，许多人接受的工作不过是为公用服务事业提供基本的支持或维护既陈旧又不可靠的工业设备。这些工作没有什么技术挑战性，只不过可以提供度过经济危机的收入。希望将来研究人员能够再次成为真正的创新者。

　　十年来，西方政府一直预言，复兴俄罗斯科技的最为实际的资金来源只能是国外私人部门的投资。国外的股权投资将起到至关重要的作用，但是，这种对俄罗斯未来的狭隘看法可能导致对发展俄罗斯国内金融能力的忽视。

当然，外国合同和资助的缔约人对滥用他们基金的企图非常敏感，当他们得到自己所预定的物品与服务后，他们就会付费，不用担心在中间环节损失金钱。

然而，俄罗斯的机构有时争辩说，他们需要预付金钱以便能够开展约定的工作。因而，国外机构开发了多种措施来保证既不让犯罪分子或贪婪的经理人，也不让税务警察成为他们基金的受益者，然而，这些措施也成为阻碍俄罗斯工人完成其任务的障碍。

绝大多数的卢布转账和许多涉及外汇的转账在俄罗斯银行系统内迂回。当一项涉及一家企业或研究所的合同签订之后，国外一方就会存款。政府当局和金融机构在卢布到达工作场所之前，就迫不及待地拿走它们的份额。因而，企业或研究所所能得到的卢布数目很难预测。造成支付减少的原因有税收、手续费或其他费用等，很少有人给研究所解释过原因，即使有也是在要求下才做出的。

有组织犯罪无所不在，这种现象已蔓延到银行、企业，甚至研究人员的口袋。研究人员有时也加入到腐败者的行列中，他们也在其中参与搜刮基金为己所用，而不是等到最后通过出售技术获得报酬。对于绝大多数的企业家来说，防范犯罪活动已成为一项正常的经营成本，一项令收入来源枯竭，并且令技术创新人员难以消化的成本。

那些为利润而创新的俄罗斯机构所采取的防范措施是为其活动筑

【俄罗斯经济】

汽车工业在俄罗斯有较长的发展历史。20世纪初莫斯科的利哈乔夫工厂已开始生产整车，说明其起步几乎与西方汽车工业大国相当。30年代形成两大汽车工业中心，即莫斯科和高尔基(现下诺夫哥罗德)，产品以载重车为主(占90%以上)，年总产量也由30年代初的不到3万辆增长到1937年的近20万辆。

起一道在俄罗斯被叫作"屋顶"的财务防火墙,然后它们尽力正常开展业务。如前所述,还有一些机构已经掌握了其中的奥妙,知道如何保护自己在塞浦路斯或其他异国他乡的子公司的基金。其余的也使用一些不太繁琐的规划尽可能将自己在使用基金之前所遭受损失的风险降到最低。

尽管资金来源不定并且钱一出现就会有好多只手伸过来,但在俄罗斯有时仍可以为利润而创新。一些在苏联时期的军工复合体中磨炼了自己技术的科学家和工程师,决定将自己生产高科技武器的技术转变为在市场上赚钱的手段。新近加入到技术创新领域的人更希望从西方得到新观念,这些新观念能够让俄罗斯天才在国内外开发和销售。

第二节　资金来源

如上文所指出的那样,在俄罗斯几乎从所有合法活动中获利都会有很多风险,看起来只有愚蠢的人才会冒险对科技创新进行长期投资,因为即使在经济状况好的时候科技创新的回报也难以把握。但是,俄罗斯政府愿意承担至少部分风险。

几十年来,苏联和后来的俄罗斯科技部一直提供资金支持企业和研究机构开发有潜在工业价值的技术。最近几年来,这种努力的范围缩小了,同时,生产者不再有用于最新发展的基金。今天,俄罗斯的公司,不论是国有的还是私有化了的,都必须相信,只要它们将新产品、新工艺融入其现有的生产线之中,就能即刻得到回报。然而,科技部已经习惯了为促进它所认为有希望的技术提供资金,并且老习惯一时难以改变。

不论按什么标准来看,该部所能得到的金钱都少得可怜。全国范围内筹集到的研发资金在过去的十年中从每年几亿美元急剧减少到每年几千万美元。科技部的支持有时也证明确实可以从技术项目的投资中获得小规模的回报。

科技部的一项突出成果就是设立了科技界小企业发展基金(Fund for Devel-

【俄罗斯经济】

40年代西部工业企业的向东迁徙也使汽车工业在伏尔加河沿岸形成了较密集的分布,这主要是利用这个地区介于中央区与乌拉尔重工业区之间的经济地理位置。但分布格局的变化并没有带来产量的增长,战争期间汽车年产量一度降至7.5万辆。

opment of Small Firms in the Scientific and Technical Sphere）。该基金是由一位精力充沛且效率极高的董事长,在20世纪90年代中期创立的,他把科技智慧和理财能力结合在一起,支持了几百家俄罗斯企业。该基金在莫斯科、圣彼得堡和下诺夫哥罗德的科技园和创新中心,甚至在喀山的一个被遗弃了的国防复合企业中,在为顾客找到避开黑社会控制的相对安全的工作场所等方面发挥了非常重要的作用。

该基金1999年的预算为600万美元,支持的重点是已有少量市场份额并正在开发更广阔顾客基础的技术导向型企业。该基金提供为期一年到一年半、数额高达20万美元的无息贷款,1999年的偿还率在一半以上。该基金有几项保障成功的关键措施:申请的项目必须经过仔细审查,把在莫斯科经商的"所有"方面都考虑进去,这些方面包括供应商的不稳定性、政府规定的改变以及从顾客那里结账的困难。该基金运营状况透明,它承认公开其活动的详细年报很重要,这样可以减少对可能产生腐败的怀疑。最后,该基金的职员与该国宏观层次上所发生的一切保持一致,尤其是在管理金融资产和处理有组织犯罪方面,他们尤其重视对经过选择的项目予以融资支持的金融系统的统一性。

1992年,科技部又设立了另一项基金——俄罗斯技术发展基金（RussianFund for Technological Development）,为从前与军工复合体有关的战略工业部门的研究人员提出的更大规模的项目予以支持。这个

基金重视为通信、运输、计算机和石油领域里的先进技术融资。俄罗斯公司在这些领域做得相当不错。所以，那些得到资金支持的项目引起这些企业注意的机会就很高。

经济部（Ministry of Economics）也有一个对新项目或改进的项目初期运行予以支持的相关基金。那些迫切需要新的生产线来维持生产的加工企业，有时就能受益于该基金。为了避免部门间相互扯皮，科技部不参与此类活动，尽管它拥有在俄罗斯创新过程的专业知识。

【俄罗斯经济】

战后俄罗斯开始开发轿车，生产重心在伏尔加河沿岸，但整个汽车工业的分布格局没有变化。汽车工业的迅速发展是在70年代，以轿车为主体，以意大利等外国资本和技术的投入为动力，产品年产量由1970年的91.6万辆增到1975年的近200万辆。其中轿车年产量由1970年的34.4万辆，增至1975年的120万辆，已占总产量的62%，并进入世界汽车生产大国的行列。此间汽车工业的生产重心已移至伏尔加河流域。

上述基金在全俄罗斯研发界众所周知，但这仅是一部分。1998年，一位俄罗斯官员提供了一份另外81个政府基金的名单，设立这些基金的目的就是为了支持工业发展。有些基金支持的对象仅限于该国一些特殊地区，而大多数仅支持很少的工业行业。

总体上,它们覆盖了所有的工业行业。没有一支基金有足够的钱用于发放资助,但是它们给人以希望,即将来某一天政府又将成为支持工业发展的可靠资源。

美国、欧洲和亚洲的许多政府部门也同样支持了俄罗斯的研发活动,尽管没有一个有关这类计划的可靠名单。几家西方公司也向俄罗斯的研发活动提供资金。一份资料汇编明确了50多个支持科技及相关商业活动的国外资金来源,这其中还不包括外国私人公司。在俄罗斯至少设立了12支风险基金,其财政资助通常源自国外。俄罗斯的工业尽管薄弱,却依旧让世界牵挂。

20世纪80年代中期汽车产量达到高峰,年产逾200万辆,以后就开始下降,到1993年俄罗斯汽车总产量156.4万辆,其中轿车占61%。目前俄罗斯汽车工业的分布情况是,载重车产量的75%左右,轿车的50%~60%分布在伏尔加河沿岸地区,主要生产企业包括下诺夫哥罗德的高尔基厂、伊热夫斯克的的卡玛厂、乌里扬诺夫斯克厂、陶里亚蒂伏尔加厂,产品包括嘎斯、卡玛载重车,伏尔加、拉达轿车等。莫斯科地区主要生产企业有利哈乔夫厂、米基什厂、"莫斯科人"厂等,产品为吉尔、吉斯(载重、轿车)和"莫斯科人"轿车。

很少有国外的风险基金为技术开发注入大量资金,圣彼得堡技术基金(St.Petersburg Technological Fund)是个让人抱有希望的特例。几位外国投资者合伙投资设立了一支基金,它对管理良好的俄罗斯高科技公司采取公平的

立场，在西方管理哲学和价值取向的指导之下，这个基金已经向一些小企业投资了几百万美元，并且极有可能再扩大其活动范围。尽管几百万美元可能看起来还有点少，但是与过去更大的投资者多次的失败比起来，有良好成功记录的有限资金还是可取的。

　　为什么国外股权投资没有成为复兴俄罗斯工业基础的重要因素呢？西方公司在20世纪90年代初管理合资企业的经验显得不足，经常因管理和财务两方面的问题与俄罗斯合作伙伴陷入僵局。虽然在整个20世纪90年代经济滑坡的情况下，有些投资额在50～150万美元之间的西方小企业主仍获得了可观的回报，但是，绝大多数西方大公司对合资企业这种方式深感失望。总体上，风险较小的短期合同对外国公司更有吸引力，甚至一些俄罗斯公司也是如此。例如，

【俄罗斯经济】

　　航天工业有大型企业20多家，拥有科技人员210多万。其科技开发中心在莫斯科，配属有7家企业。运载火箭（导弹）的生产企业主要分布在圣彼得堡和莫斯科，具有明显的技术指向。苏联的解体使其在哈萨克斯坦境内（拜科努尔）的发射中心与科研、生产的国内体系相分离。

俄罗斯的机械制造联合体（NPO Mashinostroenie）、中央气液动力研究所（Central Aerohydrodynamics Institute）和航空系统研究所（Research Institute of Aviation Systerns）就不愿像合资企业安排的那样放弃股票或以现金投资。然而，如果要开辟持续不断的收入来源，国外股权投资的增加依然是俄罗斯追求的重要的近期目标。

西方对在国外股权投资缺乏兴趣的原因可能是法律架构的不确定和与之相伴的风险。它们尤其关切的问题有：

- 应当根据所获得的利润缴税，而不应是现在这样根据交易额缴税；缴税决不应该追溯既往，这是一个让人长期忧虑的问题。

- 小股东的权利应该加强并具有法律约束力。

- 风险基金应该有权发放贷款，也有权发行证券。但是，现在只有银行才有权放贷。

- 很多项目的注册与审批条件必须简化。

- 可靠的银行系统是基础。

随着外国投资者的数量不断增加，他们也更加谨慎而不愿冒险，他们希望有好的项目，但什么是好的项目呢？对绝大多数投资者来说，好的项目等同于好的商业规划，这样的规划强调顾客对产品的实际需求，并且避免与犯罪分子搅在一起。不幸的是，能够提出的好项目实在太少，当俄罗斯机构开发候选项目时，那些对俄罗斯更加强大的技术基础感兴趣的西方机构给它们以支持。

1999年底发布的一份欧盟报告得出这样的结论:随着俄罗斯的法律和税收系统的些许改进和经济某种程度的增长,如果能开发出好的项目,可以从欧洲风险资本中拿出高达40亿美元的资金投资于俄罗斯。该报告强调了公私两个部门共同投资创新活动的重要性和支持这些创新活动的财政系统的重要性。该报告称,这些措施的确能够提高俄罗斯工业的国际竞争力。

第三节　保护来自西方的收入源

努力开发和推广新技术的俄罗斯专家认为,按照西方合同得来的资金和赞助比源自俄罗斯的工资更为可靠,也更有利可图。国外款项总能按时支付。在俄罗斯低水平工资的状况下,他们显得很大方。还有,他们常常用美元支付,这样还可以避免卢布贬值造成的损失。

俄罗斯与国外的合作伙伴成功地利用多种机制将资金转移到俄罗斯。一个主要目的就是逃避支付海关和税收机关的费用,逃避支付养老金和社会基金,以及逃避支付俄罗斯机构无底洞般的一般管理费。有些"正式承认的"支付渠道的规避伎俩是俄罗斯法律范围内的,而其他的则毫无疑问违反了法律。许多在合法性的边缘,俄罗斯司法官员每天做出裁决是否堵住了那些通过非常规渠道流动的资金流。

一个避免资金分流的办法是让国外出资者将一摞摞的百

【俄罗斯经济】

俄罗斯航空工业相当发达,拥有100余家大型企业,年产各种飞机1万至2万架。在研制、生产上形成以设计局为核心的若干系列,其中重要的有图波列夫系列(客机、轰炸机等)、米格系列(军品)、雅克系列(军品)、苏依霍夫系列(军品)和依留申系列(客机、运输机等)。生产分布上,出于战略安全的考虑既有在西部技术力量集中区的聚集,也有在中、东部的扩散。相应形成自成体系的三个基地区,即以莫斯科、下诺夫哥罗德、萨马拉、喀山为中心的西部区,乌拉尔中部区和以伊尔库次克、共青城为中心的东部区。

元美钞直接交到收款人手中，而不是存到他们的银行账户里。收款人然后就可以将钱用到研发活动或其他他们认为恰当的用途，而无需支付银行费用，也不必与本单位的会计争吵。但是，西方合作伙伴对参与此类活动的收款人的道德水准必须有着极大的信任，俄罗斯当局也会质疑这类交易的合法性。

研究所的所长们偶尔也安排这种支付方式。他们喜欢毫无拖累的硬通货的灵活性，因为他们很少收到俄罗斯的机构真正用现金偿付的欠款。事实上，俄罗斯单位间的资金划拨表现出来的是在收支双方银行账户上的登记记录。研究所所长们把现金交易记录搞得极为复杂，以图规避政府的各种赋税。

大多数的外国合作伙伴都知道，如果他们把钱打入某个研究所的银行账户里而不是研究人员个人的账户里，那么就会有贪婪的手伸过来要求从中拿到一定的份额，名目多种多样，例如：为"个人支持服务"、研究所的

俄罗斯造船工业的民品生产以渔轮为主。摩尔曼斯克、阿尔罕格尔斯克、圣彼得堡、罗斯托夫和伏尔加河沿岸城市(如伏尔加格勒等)是大型水面舰只的生产中心。远东的共青城是常规潜艇的重要生产中心,符拉迪沃斯托克(海参崴)是重要的舰船维修中心。

管理费用,或者仅仅是为了赔付威胁要关闭研究所的债权人,等等。除去管理费用、养老金、医疗费、所得税扣除等,指定用于工资的基金还要减去扣发部分,最后能有1/4落到研究人员手中就算是幸运了。西方的科学家已经习惯了他们国内机构的这类扣减,他们相信养老金将来会落实,医疗费也足够,并且一般管理费用有利于他们的工作。这种信心在当今的俄罗斯是难以想象的。

在1993年,由乔治·索罗斯在俄罗斯设立的国际科学基金会(International Science Foundation)在俄罗斯政府的许可下开始直接向研究人员个人发放资金,以避免研究津贴被分流到像给所长们购买新的奔驰轿车等这类有问题的活动上。在1994年,位于莫斯科的国际科学技术中心 (International Science and technology Cen-

ter）采取了同样的措施。到1999年，二十几个西方机构直接向俄罗斯的专家付款。这些依法批准的划拨方式巧妙地堵住了无论是政府还是研究所管理层分一杯羹的机会。

起初，研究所长们憎恨外国基金采取的直接向研究人员付酬的形式。对他们来说，没有了个人对工资基金的控制就意味着失去了对雇员的控制。还有，所长们害怕没有机会分享国外合同收入和国外赞助的雇员，不久就会抗议那些同事所受到的高工资的优待。

最后，所长们做出了调整。首先，他们也参与到西方的项目中来，至少被增加到直接从国外取酬的收款人名单之中，另外，西方机构还提供一定数额的现金作为一般管理费由所长自由支配。一般管理费的水平不超过项目总费用的20％，这是所长可以随便花的钱。与研究所已经习惯了的苏联时期500％甚至更高的一般管理费相比，20％只是个很小的份额，但是，只要能保证支付，即使是

【俄罗斯经济】

俄罗斯的核工业和装甲兵器制造业利用其经济地理位置,主要分布在东部地区。核工业8家大型企业的7家在东部,克拉斯诺亚尔斯克和托木斯克占总能力的90%。乌拉尔—库兹巴斯地区的钢铁工业不仅影响着俄罗斯履带拖拉机的分布,也使下塔吉尔和鄂木斯克成为俄罗斯重型坦克的生产中心。

少了点也很受欢迎。

最后,许多所长决定如果他们没有来自西方的收入,就将得到国外支持的研究人员从研究所里拿到的薪水扣留下来用作所里的一般基金。例如,一位研究人员作为所里的雇员每月得到相当于50美元的薪水,随后又能得到国外提供的每月300美元的赞助,实际上他只能拿到300美元。研究所将那50美元扣下来用作一般管理费,一般管理费原则上会使所有研究人员稍稍受益。

俄罗斯政府批准了西方出资人直接向非营利机构和国际机构工作的研究人员支付薪水的计划,这些机构为了"技术和人文援助"将资金划拨到俄罗斯。政府和私人公司的支付途径没有可比性,除非他们首先将资金划拨到一个非营利的中间机构进行周转。为了避开这一限制,一些西方公司的代表就成了驮

钱的骡子,每次造访俄罗斯时都要携带大量的现金,然后将这些钱交给指定的收款人。另外,外国政府通常是依靠外交邮袋来运送现金供当地花销,而外交使节很少关注涉及税收体制的外交托词是否恰当。

另一个逃避俄罗斯政府对国外支付现金权利要求的办法是让一名外国人将现金交给一名俄罗斯的合作伙伴作为后者在国外旅行的"费用"。该外国人尽可以放心,熟人将会想出某种不会受到太多损失的办法来使用这些钱。然而,西方科学家在这种活动中所起的作用很小,在个人交易中划拨的钱不过几百,或许几千美元。对购买俄罗斯自然资源感兴趣的西方公司有时向俄罗斯商人在海外的公司交付几千万的美元,这种行为明显地违反了俄罗斯的法律。

对他们来说,俄罗斯的海关官员看起来对来自西方的现金进入俄罗斯并不关心,这些海关官员明显地认为在俄罗斯花费美元有益于俄罗斯经济。只有一次一位海关官员命令我以及和我一起旅行的所有成员在通过舍列梅季耶沃(Sheremetyevo)机场时出示报关单上注明的美元。我那次恰巧携带了数额为9500美元的一摞崭新的面值为100美元的钞票,这笔钱是我们的住宿费和交通费。海关官员先瞟了一眼我握紧的拳头,然后就立即挥挥手让我通过了关卡。

然而,离开该国却是另一种情景,反映出俄罗斯限制资本外逃的决心。高估自己在俄罗斯的资金需求并计划带着500美元以上现金回国的游客就应该小心了。如果其持有的外汇比原先报关单上注明的

> **【俄罗斯经济】**
>
> 俄罗斯是世界上煤炭、石油、天然气和森林资源最丰富的国家之一,各种矿物资源的开采不仅规模大,产量高,而且在其工业化和工业区的形成与发展方面具有极其重要的作用。采掘业的许多产品,如石油、天然气、煤炭、黄金及金刚石、木材等长期以来是其对外出口的主要商品,并对世界市场有重要影响。

多，多出部分再出关时就要被扣掉。海关官员得到命令禁止外汇流出国，尽管他们对工作并不总是全神贯注。

在一次旅行中，一位美丽动人的年轻美国朋友携带着9000美元从俄罗斯出境。在进入俄罗斯时她忘记了在海关报关单上申报这些现金，当问她如何将这些钱带出海关时，她回答说："看情况呗。"她把衬衣的领口敞开，趴到海关官员的办公台上，眨着眼，然后用漂亮的俄语说："我只带了500美元，无须申报。"穿制服的海关官员脸上的笑容没有了，他的眼睛暂时回避开别人的视线，死死地往下盯着他的工作台，眨了几下眼睛，然后是长长的沉默，最后，他挥挥手让她出关并祝她飞行愉快。

一点都不奇怪，俄罗斯处理现金交易的不同寻常的措施有时转移了研发经理们的注意力，这些经理们原先的注意力主要是集中在维持自己研究所的研发项目的持续性上，现在他们每周不得不拿出10%～20%的工作时间来处

理资金流动的问题,他们把这部分时间称之为"时间税"。对钱的关注确实驱使着许多研究人员为那些手里有现金的人提供技术服务,尽管这些活动会造成侵蚀研究能力的结果。

在任何一个国家,研发活动都能得到资助,研发机构习惯上也能得到税收的减免。但是,在俄罗斯,有一大批贫穷的专家骨干不能直接从这两项措施中的任何一项受益。他们只好干点违法的事情来维持收支平衡。希望他们不正规的方法只是临时措施,他们终将会全力以赴地搞技术创新,而不是决定如何处置金钱。

第四节　俄罗斯商业的保护伞

每个人都想开办一个摆脱俄罗斯现有机构束缚的独立企业。他们的逻辑是：与保守的俄罗斯机构的联系只会吸蚀掉新企业的部分收入。相反，他们找到工作场地，雇用自己的雇员，开立自己的银行账户。然后，他们自己的企业就可以开张了。如有必要，他们为自己的办公室雇上保安。他们不时地请友人帮助他们向当局提

【俄罗斯经济】

90年代以来，俄罗斯的石油年产量一直居世界第三位。原油开采主要集中在西西伯利亚、伏尔加—乌拉尔和季曼—伯朝拉地区。北高加索和远东的萨哈林油田也有较大规模的生产。

交恰当的文件以免陷入法律纠纷，这就是他们的游戏规则。

可是问题并不这么简单。第一个问题是工作场地。在俄罗斯的绝大多数城市里，即使是那些建设良好的机构或已经擅自占用场地的人们都一直在申请理想的工作场所。

第二个问题是供热、供水、供电、电信服务和垃圾清理。由个人出于商业目的来组织这些服务项目并非易事。签发执照的市政官员以怀疑的眼光看待这些新企业。有些官员真的担心这些企业与黑社会有关联，其他官员则考虑怎样从迁到他们领地的新企业那里牟利。

清单还可以往下列，防火与健康检查可能要求对办公室进行改造、购买阻燃地毯或者捕杀不会跑掉的宠物。不论是自己的还是顾客的汽车都没有地方停放。等到潜在的企业家有了一个合适的工作场地，维护办公场地的杂事就使其难以再有精力投身于商务活动，这还是在黑社会没找上门来的情况下。

那些有远大抱负的企业主用不了多久就会认识到将刚刚设立的企业选址在由别人维护的地方的好处。对于新企业主来说，找到一个能为企业提供"保护伞"（或用俄语说，krysha）的机构很重要。有些人更喜欢选址在与技术开发大体一致的机构，就是为了容易地获得该地方可以得到的物资供应和服务。然而，所选择的机构不能太相近以致成为竞争者。少数人决定利用科技园和孵化器所提供的场地，绝大多数选择由熟人维护的地方。几万家各种类型的小企业设立在了公司、研究所及其他原有机构的办公场所。技术导向型企业常常设在研究机构的场地内。在那里，研究所的雇员可以被公司聘为兼职人员。

【俄罗斯经济】

西西伯利亚油田的资源蕴藏分布于西西伯利亚北部的秋明州，所以又称秋明油田。这里是俄罗斯最大、也是世界最大的石油储集开采区之一。油田面积150万平方千米，理论储量240亿吨，探明储量约40亿吨，占俄罗斯的近70%。几个特大型油田，如萨莫特洛尔、乌斯季—巴雷克、萨雷母等均列世界大型油田前列。

对于一些西方的俄罗斯问题专家来说，"保护伞"一说，带有强烈的罪恶色彩，他们将这一概念看作是体制的产物：是变相的"私吞"、"充公"和"分赃"等腐败行为的大杂烩。在他们看来，"保护伞"包含以下几种要素：

- 与某个金融机构的联系；
- 深入到中央和地方政府内部；
- 必要时动用一支武装力量。

然而，一个只有有限资金流入的小型创新企业的保护伞很少会借助于毁坏财产、打人和谋杀等理念。更多的是借助于那些游走于政府官僚迷宫之中的律师和会计师来帮助企业前行。有时如上文所述，保护伞的主要目的仅仅是提供安全的工作场地和扶持性物质基础设施。

各式各样的保护伞已成为俄罗斯不断变革的经济舞台上一个经久不变的特征。在这个舞台上，财产的保护

成为第一要务。由于有组织的犯罪越来越严重，一家企业如果没有保护伞就可能招来麻烦。在受到被消灭的威胁时，一些新的企业别无选择，只好聘用与犯罪集团保持密切关系的组织来提供保护。

认可保护伞这一理念的并不仅限于俄罗斯企业家。当西方公司在俄罗斯开办业务时，有的就认识到了保护伞的重要性，也有人就决心像他们在加利福尼亚那样开展商务活动——它们也真的很快就回加利福尼亚去了。少数的就决定采取一事一议的方式支付保护费。

那些最精明的人认为，唯一切合实际的途径就是与能够提供保护伞的俄罗斯组织建立关系，像生物有机化学研究所（Institute of Bioorganic Chemistry）的蒙桑托实验室（Monsanto's laboratory）和能源工程研究所（Institute of Power Engineering）的威斯丁豪斯（Westinghouse）办事处就是这么做的。在大城市里，与市行政机关建立合作关

【俄罗斯经济】

秋明油田的开发始于60年代,70年代末成为苏联第一大油田。石油年产量由1970年的3000余万吨增至1980年的3.13亿吨,占原苏联总产的一半。80年代中期进入高潮,年产最高逾4亿吨,以后呈下降趋势。秋明油田南部形成了以苏尔古特为中心的炼油工业区,电力工业也相当发达,成为俄罗斯东部一个重要的工业生产综合体。

系有时更为快捷。例如,麦当劳(McDonalds)就与莫斯科市市长商定,该市不仅接纳麦当劳快餐,还包括向波音等西方公司提供出租场地。所有的俄罗斯组织都为西方公司提供保护伞。

很明显,维护和保养保护伞是在俄罗斯经商的成本之一,占到利润的10%左右的维护和保养保护伞的费用成为没有写入经营计划的开支项目。如果不利用保护伞来规避财政方面及其他形式的各种掠夺,那么早晚要花更多的费用来"摆平"。

第五节　私有化与企业经理

与那些伴随着大型国有企业私有化而精心拟订的致富计划比较起来,研究所内部和小公司的操纵金钱的行为就显得有节制多了。从苏联时代保留下来的很多先进的技术仍旧属于这些公司。有些技术可能彻底过时了,其他的能力也可能已经荒废了,然而,它们能够为一些重要领域的经济复苏提供跳板。

随着苏联分裂为15个独立的国家,成千上万的政府公务员意识到他们很快就会失去在政府的工作,他们将许多国有企业财产

事实上的所有权转到自己或朋友名下。多数的资产和80％的私有化公司的选举股份最终落入了那些为自己的利益而榨取这些财产的人手中。

在1996年私有化高潮时期，记录在案的私有化犯罪就有2000多起。考虑到涉及俄罗斯强权人物时的政府臭名昭著的软弱行政能力，没有记录在案的犯罪行为不知要比这多出多少倍，况且政府官员自身常常涉案。

参与私有化计划的关键人物是企业的主管，打从苏联时期他们就像"被一支匆忙撤退的军队所留下来、没有救出和遗忘了的旧制度下固定职位的代理人和守卫者"一样在台上当权。相当多的一部分人是工程师。很多人亲自开发了对苏联生产能力至关重要的技术。他们认为自己应该被列入自己所创造的财富的受益者之列，这种心情可以让人理解。

起初，企业主管们发现自己不对任何人负责，他们维持了一种对工人的催眠术般的控制，工人通过持股应当成为企业的主人，但是，他们常常认为自己手里的一纸股票分文不值，并把它们交给了管理层。

一些企业主管甚至在私有化之前就在利用政府允许在国有企业设立合作社的命令。这种在遍布全国的重工业企业中间不大引人注意的新型秘密活动，成为企业主管及其亲密助手们的摇钱树，他们将其作为个人批发商店，销售那些几乎是由企业免费提供的物品。这些合作社的交易为财产在更广范围内的转移搭设了舞台，这些财

【俄罗斯经济】

伏尔加—乌拉尔油田为俄罗斯第二大油田。50年代开发，60年代产量曾占全苏联70％，以后地位和产量都下降，目前年产约1亿吨。该油田由于地处经济发达地区，原油加工、石油化学工业规模很大。季曼—伯朝拉油田地处西北，接近俄罗斯西部工业区，位置重要，年产量2000万吨左右。

产是在私有化过程中突然聚敛起来，让消息灵通人士——即工厂的经理们来攫取的。

有关利润是如何被转移到了由企业主管们控制的账户中，公司被企业主管们榨干了财产后又是如何允许宣告其破产的，以及企业主管们如何随意地宣布批评管理不善的股东大会为非法的报道层出不穷。即使有的时候个别企业主管因行为不当而被政府花大气力撤换掉，可其继任者常常犯的错误比他们还多，有时还与免职了的前企业主管勾结在一起犯罪。

现在易货贸易和期票是企业的重要交易形式，这就使得可利用的财政杠杆更加稀少，因而私有化公司的合法所有人和负责国有公司的政府公务员也就更难获得财产的控制权。再进一步讲，随着对非现金交易依赖程度的增加，管理层对那些只能在远期推动科技进步的活动的投资兴趣空前低落。

与克拉斯诺亚尔斯克（Krasnoyarsk）铝厂、诺里尔斯克

【俄罗斯经济】

俄罗斯天然气年开采量居世界第一位，占世界总产量30%，其中85%以上集中在西西伯利亚。秋明油田含油区以北至鄂毕河河口为天然气产区，其中乌连戈伊、扬堡、梅德韦日耶三个气田的探明储量分别为8万亿立方米、4万亿立方米和1.5万亿立方米，均属世界特大型气田。乌拉尔区南部的奥伦堡为另一大型天然气产区。

（Norilsk）镍联合企业，以及大石油公司等出口自然资源的公司相关联的企业财产失窃的案件时有发生。虽然从事航天、计算机、核能及其他先进科技的公司比上述出口企业的现金财产要少，但是它们也成为金融诈骗的目标。事实上，在1999年间任何一个拥有大量现金价值财产的公司都直接或间接地列在了遭到俄罗斯恶势力打击的名单上。

采取什么措施才能重新树立起潜在投资者对具有强大技术能力的私有化公司进行投资的信心呢？措施之一就是有权对被怀疑滥用特权的行为进行调查的俄罗斯联邦安全委员会，应该把记录在案的滥用特权案件提交总检察长及时予以惩处。该委员会应只批准向那些对待持股人有良好记录的公司提供公共服务。还

有,在其他更多的公司私有化之前,政府应当把保护少数持股人的权利写入国有公司法人证书,同时条件也要透明。

绝大多数企业的财务状况都是一团乱麻,企业间的债务和债权已积压数年,不为公用设施和补给品付账已司空见惯,无论按什么标准计算纳税,也多是能拖延多久就拖延多久。因为通货膨胀降低了卢布的购买力,每到月底银行账户都会被提净。人事的转换为确定过去财产的去向笼罩上一层迷雾。很多的不确定因素都难以再解释清楚,加强股票持有人和税务机关的责任是对政府行为的首要要求。

第六节　银行家与资金流

随着俄罗斯在20世纪90年代初开始走向市场经济，银行系统立即承担起了新的任务，这就是作为资金流入、流出和流过俄罗斯的渠道。这期间在俄罗斯共设立了2500家银行。到1999年时只剩下了1500家，其余的不是关门了，就是破产了。虽然大量的小额交易经常发生在银行系统之外，且大型交易又在海外完成，但银行系统仍然掌握着大部分的国家金融资产。没有可靠的银行，那些要利用国内外资本的科技产业成功的机会很小。

从1992年开始，我花费了两年的时间在莫斯科寻找一家能够管理7000万美元的银行，这些资金是西方基金可能拿出来用于支付俄罗斯科学家和工程师工资的。我们有两个要求：（1）这些钱要存在几千人的个人账户里或交给这些人，银行收取的交易费要"合理"；（2）表明资金流程的相关银行记录要便于西方审计人员查验。所有的银行都表示它们很容易满足第一项要求，尽管大多数银行强调：既然涉及这么少的资金，交易费应在5％～10％之间。只有一家银行——兑换银行（Konvers-bank）同意了审计要求并同意收取合

【俄罗斯经济】

俄罗斯最大的煤炭生产区为库兹巴斯煤田。它位于南西伯利亚，煤田面积约6万平方千米，地质储量约6400亿吨，工业储量520余亿吨，煤种为优质动力煤和炼焦煤，并可露天开采。年产量约占全国1／3。炼焦煤则占1／2，主要供应乌拉尔地区，并在本地区形成巨大的煤炭、钢铁工业综合体。

理的费用，这家银行由能够从这些基金中获益的核专家
控制。其他的银行仅仅希望用自己的方式完成交易，没有
一家仔细看一看自己内部运作过程。很快我就明白了，他
们的方法既危险又违法。

在我们整个的讨论中，来自中央银行的专家们给我
们提了建议，这些专家对每一项可适用的规定和对银行
业行为的法律限制都有详细的了解。然而，他们不知
道——或不承认自己知道——商业银行操作的详情。

在这一背景下，当20世纪90年代中期银行诈骗案曝
光后并不让人感到惊奇，银行业参与促进资金外逃也就
在意料之中了。即使那些以银行官员为目标的合约谋杀
也不是什么怪事。一座座华丽的银行大厦拔地而起，俄罗
斯艺术家发现银行家们急切地购买他们最昂贵的作品用
来装点银行的办公室，销往银行的防弹轿车的数量猛增，
由此可以明显地看出来，俄罗斯银行家这些奢靡的爱好
都是由那些不当攫取的俄罗斯国家财富所支撑的。

【俄罗斯经济】

坎斯克—阿钦斯克煤田位于库兹巴斯煤田东部,为一特大型褐煤煤田,地质储量约6350亿吨,工业储量680亿吨。现进行大规模露天开采,年产量5000万吨左右。所产煤炭均就地供给电厂发电,并将电力输往西部地区,成为俄罗斯东部的煤电基地。

银行系统成了俄罗斯非法活动的巢穴,犯罪分子被银行雇用有时并不为银行的管理层所知,同时其他的犯罪分子在幕后操纵着银行的决策。银行及银行的顾客就成了被敲诈的对象。俄罗斯有组织的犯罪团伙甚至在世界各地的银行里安插了"鼹鼠",其触角也伸到了俄罗斯。

早在1993年俄罗斯中央银行就向在泽西海峡岛(Channel Island of Jersey)注册的空壳公司转移了500亿美元的财政储备,这是用于稳定卢布—美元汇率的储备。可是事与愿违,该空壳公司将这些钱成功地投入到俄罗斯的债券市场。成功投资所获利润以及针对每笔交易所收取的高额手续费到了谁的手里,仍是一个谜。还有,央行官员非法出售联邦资产,使用银行信用卡为个人购物,以及为银行职员设立了一项2000万美元的社会基金。管理者们的这些行为没有表明已经建立了可靠的银行系统。

当前银行诈骗案的前例可以上溯到十几年前。1988年，第一家作为资金藏匿所的所谓的"零银行"成立了，所藏匿的资金是那些即将失去职位和影响力的政府官员从国库中攫取的。大部分的钱被转移到了国外。同样在1988年，为重工业服务的"口袋银行"也成立了。这样的银行在企业主管的控制下。

一家看上去就是为了欺骗储户而在莫斯科设立的银行取名叫"拿着暗也"（Nazheanye），如果把他的这个俄文名字倒过来拼写，新俄文单词的意思就是"抽干你"。在其存续的几周里，它吸引到了一些顾客，然后就关门了，创办者们携带存款消失得无影无踪。设立这样的一家银行所需的就是三名董事会成员和8万美元的资金，即使设立一家银行的目的不是为了欺骗那些易受骗的顾客，其管理层也可以将其用作洗钱机器。

有了最近这样的历史，银行系统十之八九会继续易于受到造假、篡改账目和诈骗的侵犯。尽管如此，商业银行对转型中的俄罗斯经济运行依然重要。犯罪分子将极力反对扩大西方银行在俄罗斯的服务范围，这些西方银行已经获得了在俄罗斯营业的许可，但是，只有实力强大的西方银行才能给俄罗斯银行造成清除此类行为的必要的竞争压力。

再看一下资本外逃。1999年估计每月有高达20亿美元逃离俄罗斯，主要是流向了西欧，俄罗斯银行频繁卷入这些交易。俄罗斯专家将资本外逃定义为：国内外以卢布为主的财富通过非正常商业交易方式向以外汇为主的财富转移，合法与非法行为都包括在内。例如，由于对俄罗斯银行缺乏信心而将钱存在国外并不违反什么法律，为了逃税而将钱寄往国外大概就是非法行为了。通过各种银行账户洗清

【俄罗斯经济】

俄罗斯东部的另一重要煤产区是70年代以后开发的南雅库特煤田。其煤种为动力煤和可炼焦煤。现年产量1300万吨，主要向日本出口。因附近有大型铁矿，俄罗斯计划在这里建设东部的钢铁工业基地。

从毒品交易中得来的钱是通向监狱的门票。还有，俄罗斯人用美元而不是卢布在家储藏现金的偏好被认为是国内的资本外逃，尽管绝大多数情况下其动机并不是要违法。

大概最常见的非法资本外逃形式是俄罗斯产品的西方购买者将实际交易款项的一部分放到俄罗斯厂家在国外银行的账户里。然后，俄罗斯的销售商按照申报的交易额纳税，这些申报的交易额比实际的交易额低得多。另一种方式是由俄罗斯机构将非法所得的资金在海外投资，在那里累积利息。

资本外逃正消耗着俄罗斯的投资资本，并使收支平衡问题严重恶化。高科技活动需要这样的投资资本，不幸的是这些资本已逃往国外。还有，当俄罗斯政府因税收流失而不能获得充足的收入时，外国合作伙伴也被他们的政府劝阻不要对俄罗斯投资。

采取什么措施来控制资本外逃呢？改善投资环境和

财政基础设施是基本的要求。需要更加严厉的法律来控制国际交易，对易货贸易征税和要求出口收入立即送交国内将有助于减少资本外逃的诱因。

【俄罗斯经济】

　　莫斯科近郊煤田和伯朝拉煤田是俄罗斯西部的主要煤产地。前者为褐煤煤田，作为莫斯科地区电站的燃料，伯朝拉煤田主要供应俄罗斯西北部工业区。

由著名俄罗斯经济学家提出的一个大胆而敏感的建议，是呼吁对在西欧开立了包含非法收入的银行账户的俄罗斯人实行特赦。如果外国当局质疑钱的来源，在这些国家开立了银行账户的所有人提款时就会遇到困难。外国当局在允许这些资金在其国内进一步划拨之前，时常求助于俄罗斯政府提供信息。俄罗斯经济学家的计划呼吁俄罗斯政府书面保证被外国银行扣作抵押的基金的合法性，不论这些基金的来源如何，以换取其中的50%以滞纳税的形式交还俄罗斯政府。

经济违法犯罪的增加与技术发展的很多方面相交叉。至于大型企业，非法交易自然资源是主要的经济犯罪形式，而小企业主则经常遇到财产失窃和行贿。1997年的一份令人胆寒的报告说：

有组织犯罪控制着私营企业的40%、银行的50%～85%、国有公司的60%。在莫斯科，有组织犯罪据称已控制了商业房地产的50%和商店、大型零售店和服务业的80%。

这一局势经过了如下几个发展阶段：

● 1985—1992年——"改革"期：犯罪集团的根扎得比以前任何时候都深，包括对创业初期的合资企业和合作饭店提供资金基础来勒索保护费。

● 1992年——真空期：组织严密的大型犯罪集团开始出现，设立银行并夯实了他们的财政基础。

● 1993—1995年——私有化期：一个适合深藏的犯罪集团的跳蚤市场有所发展，接管了该国大部分的科技能力，同时谋杀案大量上涨，到1995达到高峰。

● 1998—？——巩固期：几千个犯罪集团变得活跃起来，巩固将是未来的一个特征。竞争将导致集团头领间新的冲突频发，经济犯罪的一个极其卑劣的侧面是合约暗杀，其常见的暗杀对象包括那些给非法商务活动制造困难的政府、银行和大公司的官员。不能偿还他们债务或不乐意与犯罪分子分享利润的商人也面临着同样的危险。一些玩世不恭者坚决主张合约暗杀是实施司法系统无法实施的商务合同的一种替代手段。

通常情况下，这种合约暗杀是双重暗杀。这也就是说，第一个杀手受雇去暗杀一个指定的受害人；指定受害人一旦被杀后，就会有第二个杀手立即受雇去杀第一个杀手。因而，雇用第一个杀

【俄罗斯经济】

俄罗斯森林采伐业分布广泛，以欧洲地区北部和乌拉尔以东地区为主。由于欧洲地区北部接近消费区，交通条件好，过去一直是主要采伐区。战后俄罗斯森林采伐的重点移往东部，目前其采伐量占总量的3/4。

手的成本价格已经从1995年的5000美元翻番到今日的10000美元。这种系列事件使追查行刺者变得更加复杂。极少有暗杀的策划者被抓获和判罪。

涉及银行的犯罪包括用炸弹炸财政部副部长的座车,原因是他减少了被允许与政府进行交易的银行数。另一件涉及银行的犯罪是在废除了几家商业银行的许可证之后对中央银行行长的住宅进行攻击。一家行会银行的行长因拒绝为车臣叛匪洗钱而被暗杀。最后,在一位卷入了接收铝业资产的银行行长葬礼上发言的人被毒死。

采取什么措施来逆转犯罪率上升的势头,从而使银行更加可信,使企业家减少保护成本呢? 幸运的是,政府与国会在1997年1月颁布了新刑法,该刑法与宪法一起为国家内部法律条文的充实提供了一个良好的框架。许多俄罗斯人摇着头表示不相信刑法能得到杜马的通过。很多代表对此毫不关心,即使是那些被与有组织犯罪密切相连的顾问们围着的代表也是如此。

现在所需要的是实施法律的力量,但是法律实施机关受到腐败的干扰,作为打击犯罪的一支力量的法庭还没有出现。政府应定期发布政令向犯罪头目挑战。他们呼吁增加街道上的警力,增加法官的数量并提高他们的收入,邦联制订保护证人的计划,一旦官员受到腐败的指责应立即予以撤换。

【俄罗斯经济】

钢铁工业是俄罗斯重型工业结构的支柱性部门,苏联钢铁产量多年居世界第一位。苏联解体后,俄罗斯拥有其生产能力的3/5,并拥有世界最大的钢铁联合企业之一、年生产能力1600万吨的马格尼托格尔斯克钢铁厂。

这些措施针对的是犯罪的表现,而不是构成有组织犯罪结构的基础。调查工作常常由于警察的无能而受挫,造成警察无能的原因有:招收新警察的过程薄弱、因工资不按时发放而造成的士气低落和对落后司法技术的依赖。有时因为没有警用车辆,警察跳上出租车离开犯罪现场去追罪犯。然而,即使这些措施只能发挥部分效用,也比没有任何反应要好得多。

俄罗斯钢铁工业主要分布在四个地区,即西部的西北区、中央黑土区、乌拉尔区和东部的库兹巴斯地区。西北区为典型的市场指向型钢铁工业区,其燃料、原料均来自外区,产品供当地消费,主要企业为切烈波韦茨厂。中央黑土区的钢铁工业以当地库尔斯克铁矿区为原料地,是一个新兴的钢铁工业基地。乌拉尔区是俄罗斯钢铁工业的摇篮,其发展经历了一个由木炭冶炼到依当地铁矿和输入焦煤,再到燃原料主要依外部输入的过程。现在是

俄罗斯最大的生产基地,下塔吉尔和马格尼托格尔斯克为两大钢铁工业中心。库兹巴斯的钢铁工业有着雄厚的煤炭工业基础,铁矿石来自西部和哈萨克斯坦,新库兹涅次克为生产中心。

在对该国的犯罪与腐败深表关切的同时,无论是俄罗斯还是西方的改革者都不认为这种形势已严重到中断经济复苏的程度。但是,他们错了。有组织犯罪已经染指经济的方方面面,常常为非法行为制造一种合法的景象,对犯罪和腐败的担心打消了很多潜在的企业家从事合法行为的念头,这可能导致经济崩溃。如果想使合法的商务活动尽可能地活跃起来,这种情况必须转变。

第七节　走近65座科技城

科技城处境维艰，除非给予它们特殊的地位和政府援助，否则这些城市就可能会成为鬼城。

——《俄罗斯杂志》，1999年

让科技城经济上能够自给自足是危险的。如果设施被转用于生产商品，那些宝贵的技术和设备将遭到破坏。

——科技城的市长杜勃纳（Dubna），1999年

1964年我第一次访问了科学城（Akademgorodok），这座苏联时代著名的科技城位于莫斯科以东4000多千米、在工业中心新西伯利亚以南约40千米。该城始建于1958年，到我访问时，已有15所研究机构以及它们的实验室开始运作。另外还有6所处于设计和施工的不同阶段。几万名科学家以及他们的家人已经居住在这个绿荫覆盖的幽静地方。居住在这里的研究人员在揭示自然界的奥秘时，不会受政治和经济约束的限制。许多向东部迁移的年轻俄罗斯研究人员，热切期望能远离莫斯科和

【俄罗斯经济】

俄罗斯战后石油、天然气生产的迅速发展使其石油化学工业也迅速壮大。目前俄罗斯已形成居世界第二位的原油加工能力，乙烯、合成橡胶的生产能力居世界第一位，塑料产量亦居世界前列。伏尔加河流域区、乌拉尔和西西伯利亚为石油化工主产区。

列宁格勒的那些高高在上的导师，去迎接新的个人挑战和更多的晋升机会。他们的导师坚持要从每项研究成果中获得荣誉，不管成果多么小，也不管负责的科学家是谁。

但是，那些指望着大量不附加任何限制的预算的俄罗斯空想家的共同理想并未在这座科技前哨城里完全实现。一位美国学者这么说过：

【俄罗斯经济】

俄罗斯民族在历史上是一个农业的民族。但由于封建的农奴制较其他封建生产关系更加落后，俄罗斯的农业又是欧洲历史上最落后的农业。商品性农业发展以后，农业中农奴制的废除使俄罗斯的农业一度得以长足进步，于19世纪初，曾是世界上农产品的出口国，西伯利亚的硬小麦和黄油在国际市场上享有盛誉。

科学家和行政领导们建设科技城的乌托邦计划陷入整个苏联科学界所共有的困境之中。意识形态结构、政治需要和经济不稳干扰了科学城的创立者们在西伯利亚的西部丛林中建立一座独一无二的科学社区的努力。科学家们从来没能完全避开中央集权的计划经济和勃列日涅夫时代越来越保守、越来越意识形态化的国家机器所施加的约束。与其他社会一样，钱包的力量决定研究的内容；作为国家的苏联在这点上并不例外，它以对西伯利亚的经济发展负有责任为理由，强迫科学家们放弃基础科学研究。

因此，尽管对能够带来无法预见的新发现的、不受约束的基础研究所产生利润怀有高尚的情感，但尽快从研究中获得经济回报的压力从一开始就很明显。

早在1964年，科学城的数学家

们就已经在夸耀他们对计算机编程的贡献,地质学家们宣称他们引领着全国的矿藏探测活动,物理学家们为他们设计和建造的仪器而骄傲,从事研究的经济学家们把他们的分析与中央计划体系的要求直接联系起来。尽管理论研究主导了科学城的刊物,研究人员知道重点是将发现转化为实际的运用。结果,他们尽力做到政治正确,向从莫斯科来的官员表示西伯利亚的科学研究将获得短期回报。

尽管科学城最为著名,但它并不是第一座科技城。对许多苏联官员来说,与那些为支持军工复合体而建立的科技城相比,它的重要性相对来说更低些。它之所以能引起其他政府领导人的注意,在很大程度上是因为它位于自然资源尚未开发的西伯利亚中部。他们希望科学家们能够迅速将停滞的城镇转变成生产中心,以加强国家的军事力量并通过出口收入来充填国库。

到20世纪50年代初期,掌握着最现代化、通常也是最具破坏性技术的科技城在乌拉尔和莫斯科附近出现。这些公司型城镇主要由主管生产的政府部门建立,偶尔也由科学院建立,成为国内受过最好训练的研究人员的根据地。克里姆林宫毫不犹豫地为这些专家们提供了研究和开发所需要的设备和物资。吸引人们迁徙到更偏僻城市的其他动因有:个人福利,获得高档消费品和服务的特权,孩子接受最好的教育和娱乐的机会,以及紧随着每一枚航天器发射、每一次核试验和每一种新疫苗的开发而由苏联领导人颁发的、令人羡慕的奖章。

如今，这65座科技城在适应俄罗斯新的社会和经济环境时面临巨大困难。军工合同的终结和消费品补贴供应的切断，迫使这些受保护避风港里的特权生活方式急剧发生变化。这些城市仍然依附其母体——各部委或初创它们的其他地处莫斯科的机构，希望能从那里获得更多的卢布。许多

【俄罗斯经济】

苏联时期的俄罗斯农业走了一条十分有特色的发展道路。20年代初，在当时的"新经济政策"指导下，国家通过对农民所产部分剩余农产品征收粮食税（先为实物税，后为货币税）的办法满足国家对农产品的需求，同时允许农民在市场上自由销售其他剩余农产品，以激励农民生产积极性和发挥市场作用。在这种政策指导下俄罗斯小型个体农户得以发展，农业生产也得以发展。

科技城仍继续履行它们的国防义务，尽管这些义务大幅削减，还是为它们提供了国内的资金救济，这也增加了西方对扩散的担心。尽管年轻人越来越不愿步先辈的后尘，在研究实验室中赢得声誉，教育仍然被置于高度优先的地位。最后，科技城被本土技术商业化努力中所固有的问题所困扰。尤其无助于这些问题解决的是，它们在地理位置上远离潜在的客户，许多科技城在外国人进入时都受到限制。